这才是你该追的星

袁隆平

付小平 付翊霖 / 编著
丁铁颖 / 绘

电子工业出版社
Publishing House of Electronics Industry
北京·BEIJING

未经许可，不得以任何方式复制或抄袭本书之部分或全部内容。
版权所有，侵权必究。

图书在版编目（CIP）数据

这才是你该追的星．袁隆平 / 付小平，付翊霖编著；丁铁颖绘．—北京：电子工业出版社，2023.3

ISBN 978-7-121-44236-0

Ⅰ．①这… Ⅱ．①付… ②付… ③丁… Ⅲ．①袁隆平（1930－2021）—生平事迹—少儿读物 Ⅳ．① K826.16-49

中国版本图书馆 CIP 数据核字（2022）第 171051 号

责任编辑：杨雅琳
印　　刷：天津善印科技有限公司
装　　订：天津善印科技有限公司
出版发行：电子工业出版社
　　　　　北京市海淀区万寿路 173 信箱　邮编：100036
开　　本：880×1230　1/32　印张：21.5　字数：430 千字
版　　次：2023 年 3 月第 1 版
印　　次：2023 年 3 月第 1 次印刷
定　　价：168.00 元（全 5 册）

凡所购买电子工业出版社图书有缺损问题，请向购买书店调换。若书店售缺，请与本社发行部联系，联系及邮购电话：(010) 88254888，88258888。

质量投诉请发邮件至 zlts@phei.com.cn，盗版侵权举报请发邮件至 dbqq@phei.com.cn。

本书咨询联系方式：(010) 88254210，influence@phei.com.cn，微信号：yingxianglibook。

我为什么要写这套书
——这是写给父母看的

当我家二宝小雨四岁多时,有一天,我们全家一起在外面散步,他突然看见路边长着一种锯齿形的野草,于是就欣喜地蹲下来仔细观察。等他起身后,我给他讲了鲁班通过仔细观察划破自己手的野草叶子发明了锯子的故事。

听完后,他竟然又蹲下身去再次观察路边的野草。一路上,他意犹未尽,不断地向我提了很多他好奇的问题:鲁班的手是不是很疼啊,他的锯子是用什么材料做成的呢,锯子是用来干什么的呀,等等。

从那以后,我每天都给他讲一个科学

家的小故事。比如，钱学森上小学时，折的纸飞镖飞得总是又稳又准；茅以升小时候因听闻南京秦淮河文德桥倒塌的事故而立下造桥宏愿；李四光从小就对石头感到很好奇；等等。

他每一次都听得津津有味，还会提出很多稀奇古怪的问题，有些我绞尽脑汁都回答不了。每当此时，我就和他一起翻看百科全书或上网去寻找答案。

最令我意外的是，凡是我给他讲过的故事，经过一段时间后，他仍对其中的一些细节记忆犹新，甚至还能内化于心、外化于行。

记得我曾给他讲过钱学森在上大学时主动要求老师给自己扣分的故事。没想到，在他上小学二年级时，一次平时测验后数学老师给他打了满分，他主动去告诉老师，自己有个地方应该扣分。

回家后，他一五一十地给我讲了这件事情。他还告诉我，正是一年前我跟他讲过的钱学森的那个故事，让他明白了诚实比分数更重要的道理。

其实，自从我坚持每天给二宝小雨讲一个科学家的故事起，我就在想，这些既有趣又有意义的科学家故事，应该是很多小朋友都爱听的，并且还会让他们长久受益。

既然如此，我觉得自己有必要将这些科学家的故事整理成适合青少年朋友们阅读的图书。当我把自己的想法跟电子工业出版社的老朋友潘炜老师交流后，我们一拍即合，决定正式出版一套给孩子励志的中国科学家系列丛书。

于是，三年多前，我开启了这套书的创作之旅，经过反复打磨、多次修改，终于在今年春节后全部定稿了。

作为这套书的作者，同时也是两个孩子的父亲，为了能让这套书尽可能帮助到孩子的成长，我想就家长朋友们关心的几个问题，分享自己的几点思考。

1. 为什么要让孩子读科学家的故事？

您或许会有这样的疑惑，我家孩子将来并不一定会成为科学家，那还有必要花时间读这套书吗？

我想说的是，每个孩子都有自己的人生志向，也不必都把孩子往科学家这条路上指引。但是，很多科学家之所以后来成了伟大的科学家，恰恰是小时候的某个经历为他播下了一颗种子，并在父母的极大鼓励和悉心呵护下，最终才长成了一棵参天大树。

我们这套书的第一辑，一共写了五位近现代的中国科学家，他们几乎都是家喻户晓的伟大人物，大部分在中小学课本中出现过，可以说每位科学家在孩子们的心目中应该都称得上是"大神"级的人物。

他们的一生中发生过无数故事，或可歌可泣，或惊心动魄，或催人奋进。这其中的某个或某些故事，最后很可能就在不知不觉中，成为激励孩子实现伟大梦想的种子。这一点，或许才是最重要的。

2. 为什么要鼓励孩子把科学家作为偶像？

您或许会有这样的疑惑，孩子的偶像可以有很多，为什么一定要鼓励孩子把科学家作为自己崇拜的偶像呢？

我想说的是，每个孩子的偶像也许有很多，可以是北京冬奥会上那些拼尽全力才站到领奖台上的体育明星，也可以是足智多谋、运筹帷幄的政治家和军事家，还可以是文采飞扬、下笔如有神的文学家和大作家。但是，科学家身上有一种独特的精神和气质，能带给孩子们不一样的人格力量和学习动能。

我自己在写作和修改书稿的过程中，就一次又一次在精神上得到洗礼，在灵魂上得到升华，在人格上得到滋养。我相信，您的孩子在阅读科学家的故事时，也一定能收到同样的效果。更为关键的是，他们还是在人生观和价值观逐步成型的这一重要成长时期收获的。这其实也是我为什么要让正在读初中的大宝伊伊，一起参与部分书稿的撰写和修改的重要原因。

3. 为什么要采用第一人称写作？

您或许会有这样的疑惑，为什么要用第一人称模仿科学家本人的语气来写他们的故事？

我想说的是，全部采用第一人称的口吻、以科学家自述的方式撰写，主要是为了让孩子们感到更亲切，就像面对面听科学家讲自己的故事一样，让他们产生身临其境、历历在目的阅读快感，让孩子们跟随这些科学家去体验他们跌宕起伏的人生经历。

此外，我要特别指出的是，为了让孩子们从科学家的人生经历中获得人生启迪和成长智慧的同时，还能尽量收获更多的科普知识，进一步拓展孩子们的视野，我们特意在每本书的每个篇章增加了"科普小贴士"这个板块。请记得提醒孩子在阅读过程中不要忽略它们。

最后，我还想说的是，在写作每一位科学家的故事时，我们查阅了大量可靠的资料，甚至还专程跑到这些科学家的纪念馆或故居实地走访。无论从书中获得的详实资料，还是在现场得到的一手资料，都尽可能确保真实和准确。但也难免会有疏忽或不当之处，所以还请各位朋友不吝赐教，多提宝贵意见，以便我们在今后的再版中进一步修改和完善。

你为什么要追这些"星"
——这是写给孩子看的

每个孩子都喜欢听别人的故事，无论虚构的神话或童话中的人物，还是史书中记载的真实人物，抑或小说中描绘的各种角色。但科学家的故事是不一样的，它们既是真实发生过的事情，也是被载入史册的历史，更是让你倍感亲切的身边事。

当然，再催人奋进、惊天动地的故事，如果讲得不好，难免会显得陌生和遥远，让你觉得"他的事"压根就"不关我的事"。再生动美丽、活灵活现的故事，如果没有人好好来写，难免会显得枯燥和乏味，让你吊不起自己的"故事胃口"。

现在，这些伟大的人与事，通过第一人称自述的方式，即将在你手上这套丛书中鲜活起来，在你眼前这些画面和文字中灵动起来。

那些本来陌生的科学家，一一跃然纸上，把他们一生所经历的风风雨雨、所创造的各种奇迹，像朋友聊天一样与你分享。原本如流水账的"某年某月某日发生某件事"，如今却像电视连续剧一般，在你眼前一幕幕地放映。

这样读故事，一定会让你感到无比痛快，既扣人心弦，又触及灵魂。

我们有幸生长在一个伟大的时代。伟大时代呼唤伟大精神，也需要伟大的榜样引领，而这些伟大的科学家，就是最值得你崇拜的偶像，也是你最应该追的"星"。

真正的偶像，一定会有激发精神的力量。他们不仅是你的偶像，也很可能成为你的"幸运之神"。偶像对于我们的意义，就是要我们去学习他身上的优点，弘扬他身上的精神，然后激励自己去学习他、成为他、超越他。

每一位科学家身上，都体现了"胸怀祖国、服务人民的爱国精神，勇攀高峰、敢为人先的创新精神，追求真理、严谨治学的求实精神，淡泊名利、潜心研究的奉献精神，集智攻关、团结协作的协同精神，甘为人梯、奖掖后学的育人精神"。我相信，这些精神，一定能带给你榜样的力量，永远滋养你的灵魂。

真正的偶像，一定会给他人带来人生的引领。他们不仅是你的偶像，也能成为你的"梦想成真的护佑之神"。很多伟大的人物，虽然已经离开了这个世界，但并没有消失在黑夜里，反而化身为一颗颗耀眼的星星，照亮后人前行的路。

就像一百年前的李大钊先生，他就是那些希望改变中国、救亡图存的有志青年的偶像。每一位伟大的科学家，就是如今那些希望复兴中华、科技强国的有志青年的偶像。我相信，他们一定能带给你梦想的种子，始终指引你的人生航向。

真正的偶像，一定是会被时间记住的"明星"。他们不仅是你的偶像，也很可能帮助你消除对偶像的盲从。我们可以追的"星"有很多，但追星千万不可盲从。钟南山院士曾说过这样一句话："成为偶像的目的就是要更好消除年轻人对偶像的盲从，通过偶像学到他们对问题的看法，更多地问问为什么。"

我们真正应该追的"星"，他应该给人带来奋发的

这才是你该追的星
袁隆平

能量、向上的力量，能让我们成为更好的自己。就像把一生写在稻田里，把功勋写在大地上，"把中国人的饭碗牢牢端在自己手中"的袁隆平院士。

真心希望这套丛书，能带给你不一样的快意阅读，能让你找到值得追一辈子的"星"。

现在，就请你跟我一起走进科学家的世界吧！

将一生奉献于"让天下人都吃饱饭"

亲历过抗日战争及解放战争,目睹过遍地饿殍,"吃饭"问题就成为袁隆平下决心解决的问题。从那时起,他就把自己比作种子,不管撒在哪里都会生根发芽。他将"发展杂交水稻,造福世界人民"作为一生的梦想和追求,将自己的一生奉献于"让天下人都吃饱饭"。

"禾下乘凉梦"是袁隆平对杂交水稻高产的一个理想追求:梦想禾下乘凉,梦里水稻长得有高粱那么高、谷粒有花生米那么大。"禾下乘凉梦"从他1949年考取西南农学院(今西南大学)时就已萌芽。

这才是你该追的星
袁隆平

他长期致力于促进杂交水稻技术创新，并将其推广至全世界。杂交水稻被西方专家称为"东方魔稻"，比常规水稻增产20%以上。目前，我国杂交水稻种植面积超过1700万公顷，占全国水稻种植总面积的50%，仅每年增产的粮食就可多养活7000万人。

袁隆平还有另一个梦想——"杂交水稻覆盖全球梦"：全世界有1.6亿公顷的稻田，如果其中一半稻田种上杂交水稻，每公顷增产2吨，那么每年增产的粮食可以多养活5亿人。

从20世纪80年代至今，袁隆平和他的团队为80多个发展中国家培训了14000多名杂交水稻技术人才。目前，全球有印度、孟加拉国、印度尼西亚、越南、菲律宾、美国、巴西、马达加斯加等40多个国家和地区实现了杂交水稻的大面积种植。

被誉为"杂交水稻之父"的袁隆平一直都不服老。古稀之年，他曾称自己"70岁的年龄，50岁的身体，30岁的心态，20岁的肌肉"。年过八旬，他笑称自己是"80后"。过完90岁生日，他又改口称自己是"90后"。

91岁时，他说："我还想再活10年，10年后，第三代杂交水稻一定能创造每公顷20吨的高产纪录，海水稻肯定能推广到1亿亩，中国人一定能把饭碗牢牢地端在自己手里！"

　　1995年，他当选中国工程院院士。2006年，他入选美国科学院外籍院士。1999年，人民大会堂举行了一批小行星命名仪式，其中一颗小行星就被命名为"袁隆平星"。

目录

CONTENTS

- 001 —— 01　我是袁隆平
- 004 —— 02　从小懂得"土地是生命之源"
- 009 —— 03　在颠沛流离中读完小学
- 019 —— 04　度过一段有趣的中学生活
- 027 —— 05　更加坚定了学农的信心
- 036 —— 06　发现一株"鹤立鸡群"的水稻
- 050 —— 07　水稻三系配套研究
- 064 —— 08　勇闯"三大关"
- 087 —— 09　破解"两难题"
- 104 —— 10　900千克重的"姑娘"被追到手
- 114 —— 11　杂交水稻事业需要代代有传人

01

我是袁隆平

亲爱的读者们，你们好，我是袁隆平。

1930年9月7日，我出生于北京（当时叫北平）协和医院。后来，听我妈妈说，当时给我接生的女大夫，就是大名鼎鼎的林巧稚医生。据说她一生亲自接生了5万多名婴儿，我很高兴成为其中的一名幸运儿。

我的祖籍是江西德安。在太平军起义的战乱中，我的曾祖父和他的兄弟们弃农经商，到德安县城发展，成为县城里的"望族"。在1938年的武汉大会战中，江西德安成为必争之地，袁家在德安的家产大多毁于战

火，灰飞烟灭了。

我的爸爸叫袁兴烈，曾就读于南京的东南大学（今南京大学）中文系，毕业后在县里担任过高等小学的校长和督学，后曾在平汉铁路局工作。

在抗日战争期间，做了许多为抗击日本军队而运送军火和战略物资的工作。

我的妈妈叫华静，原名华国林。她出生于江苏镇江的一个富商家庭，从小在教会学校读书，接受西方礼仪和文化艺术教育，讲得一口流利的英文，喜欢读英文版的尼采哲学著作。

毕业后，她在安徽芜湖教书。在这期间，她认识了当时在东南大学读书的父亲，后来他们就结婚了。

我的英语是妈妈启蒙的。很小的时候，我就跟着她念："This is a book.""How are you？"……上学后，我的英语成绩很好，因为妈妈给我打下了很好的基础。

爸爸按照我们袁家的字辈排列给我们取名，我是"隆"字辈，因为出生于北平，所以就给我取名隆平，寓意"家族隆盛，世事昌平"。又因为我是家里的第二个孩子，所以家里人就给我取了一个"二毛"的小名。

> 科学家小故事
>
> ### 几兄弟的名字就是历史写照
>
> 袁隆平几兄弟的名字，基本上都是按出生地取的。他的哥哥隆津，大他两岁，是在天津出生的；老三隆赣，给他取名字的时候，他们家已经离开北平回到江西老家了；四弟隆德于1932年出生在老家德安，算是真正的德安人；五弟隆湘的出生地是湖南的桃源。
>
> 他们几兄弟的名字反映出一段迁徙的历史。自袁隆平出生后，他们的名字就算得上是举家颠沛流离的历史写照了。

这才是你该追的星
袁隆平

02

从小懂得"土地是生命之源"

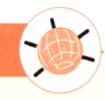

> **科普小贴士**
>
> ### 水稻起源于长江中下游地区
>
> 2016年11月,中国科协在江西省万年县举办了"第54期中国科技论坛——中国稻作起源地学术研讨会",来自中国水稻科技界、农业文化界、农业考古界、农业历史界的院士专家,集中研讨了中国水稻的起源问题。
>
> 会上发布了《科学家建议》,即"万年宣言",论证了"中国栽培稻起源于以江西省万年县仙人洞与吊桶环遗址为代表的长江中下游及周边地区和以南地区"。
>
> 从石器时代开始,大米一直是长江流域及其以南地区人们的主粮。宋朝以后,南方一些稻区进一步发展为全国稻米的供应基地。唐朝韩愈称"赋出天下,江南居十九",民间也

> 有"苏湖熟,天下足"和"湖广熟,天下足"之说。据《天工开物》估计,明末时期的粮食供应,大米约占7/10,而大米主要来自南方。

妈妈用有趣的故事来熏陶我

小时候的我笨手笨脚的。家里的人老是想方设法培养我的动手能力,可我却总是搞砸。要我拿碗,碗就会被摔坏;要我取杯子,杯子总会掉在地上;自己穿的小长袍,不是被扯破,就是被火烧出一个窟窿。

虽然我经常闯祸,但妈妈很少责怪我,而是用自己的爱和良好的教育来引导我。她常常将自己渊博的知识,化成一个个有趣的故事,来启迪我。

令我印象特别深刻的是关于赵匡胤千里送京娘的故事。

小时候的夏夜,我喜欢一边唱着"小小萤火虫,飞到西,飞到东,这边亮,那边亮,好像许多小灯笼",一边捕捉萤火虫。

我把一只只尾巴上闪光的萤火虫捉来放在纸盒里,纸盒立刻变得闪闪发光,晶莹剔透,非常好看。于是,我兴奋地提着纸盒跑过去对妈妈喊道:"妈妈!多好

这才是你该追的星
袁隆平

看呀!"

妈妈看见后,并没有立即阻止我,而是耐心地给我讲了一个有关萤火虫的故事。

她说:"五代时期,少年赵匡胤从强盗手中救出少女京娘,与她结为兄妹并护送她回家。路上,赵匡胤扶京娘坐在他的马上,而他自己却牵马步行千里,终于将京娘送到了目的地。但是分别之后没多久,京娘还是在战乱中死去了。"

"后来,赵匡胤当上了大将军,在一次夜战中迷了路。危急时刻,飞来一只萤火虫为他引路,一直把他引到了安全的地方。传说这是京娘死后为报答赵匡胤相送之恩,化为萤火虫,在他有难时,特地赶来相救。"

听完这个动人的故事后,我就再也不忍心去捉那些可爱的萤火虫了。

02 - 从小懂得"土地是生命之源"

对脚下的土地充满神圣的敬意

小时候的我,总是充满好奇心。有一天,我在窗户旁看着熙熙攘攘的人流,不禁好奇地问妈妈:"妈妈,人是从哪里来的?"

她就对我娓娓道来。

西方《圣经》里的故事说,亚当和夏娃是人类的始祖,他们都是上帝用泥土造的。

在我们中国,也有"女娲造人"的传说。女娲用她那双神奇的手,把黄土加水和成泥,然后捏成一个个男人、女人,捏完以后,就朝这些泥人吹口气,于是,那一个个泥人就有了鲜活的生命。

最后,她还深情地对我说:"从这两个故事可以知道,不管外国人还是中国人,归根到底,我们人类的根源都是黄土地。"

同时,她还告诉我,我们吃的粮食是从黄土地里长出来的,我们穿的衣服是用从黄土地上收获的棉花织成的布做的,我们住的房子也是用黄土地烧成的砖盖起来的。总之,我们的衣食住行都离不开黄土地,土地是生命之源。

当时,我一边听,一边不停地点头,似乎听懂了妈妈的话。因此,从童年时代起,我就对脚下的土地充满神圣的敬意。

> **科学家小故事**
>
> ### "小雪人"
>
> 袁隆平发现家里的床下有一个小坛子,里面装有荞麦粉。当时他刚好肚子饿得慌,就想把坛子拿出来弄点吃的。没想到,却把坛子打翻了,荞麦粉顿时扑面而来,他的脸上和身上全部变白了,就像一个可爱的"小雪人"。

03
在颠沛流离中读完小学

> **科普小贴士**
>
> ### 中国有一万年以上的水稻种植历史
>
> 水稻是中国最为古老的农作物之一。中国是世界上水稻种植历史最悠久的国家,至今已有一万年以上的水稻种植历史。
>
> 1993年,在江西万年县仙人洞与吊桶环遗址中,发现了距今12000年前的人工栽培水稻植硅石,是"迄今所知,世界上最早的人工栽培稻遗存之一"。不久,又在湖南省道县玉蟾岩遗址中,出土了距今12000年前的炭化水稻壳,是"世界上已知最早的栽培稻标本"。
>
> 据初步统计,中国的稻作遗存,有100余处,数量之多,年代之久远,令人惊叹。截至目前,单是距今一万年以

这才是你该追的星
袁隆平

> 上的栽培稻遗存就有6处。这些遗址的发现,将中国的水稻栽培史上溯到一万多年前。

全家游览"神农洞"

6岁时,我随家人一起离开德安,迁居到汉口。那时,爸爸还在平汉铁路局工作。我们一家人,就在这里度过了一小段平安宁静的生活。

这一年的春天,爸爸妈妈带我们几兄弟游览了距汉口不远的"神农洞"。"神农洞"相传是神农炎帝出生的地方,这里供奉着炎帝的塑像。他们让我们几兄弟向这位神农,恭恭敬敬地行了三个鞠躬礼。

当时,我不解地问道:"为什么要给他鞠躬行礼?"

爸爸回答道:"他就是我给你们讲过的传说中的炎帝。炎帝是我们的始祖,他在五千多年前,带领我们祖先耕耘土地,种植五谷,驯服禽兽。他还尝遍百草,寻找草药,为老百姓治疗疾病。"

我十分惊讶地感叹:"他这么能干呀!"

妈妈马上接过话:"是呀!他不怕苦,不怕累,聪明能干,大公无私。为了给大家治病,他亲自尝遍百草,好多次中毒。他的丰功伟绩,誉满九州,名扬天下。"

我又忍不住问妈妈:"那炎帝是哪里来的?"

于是,她又耐心地给我讲了炎帝的传说。当晚,妈妈就在自己的日记中这样写道:"兽观其蹄爪,人看其幼小。二毛自幼聪明伶俐,心地善良,而且勤学好问,他日所至未可量也。"

"我长大以后一定要学农"

大约在我7岁那一年的春天,我跟着妈妈到汉口郊区一家果园游玩。一进果园,我就被眼前的美景迷住了。里面有鲜艳的桃花、雪白的李花、粉红的樱花,真是美极了!

后来,妈妈还带我看了一部电影——《摩登时代》,其中一个镜头给我留下了特别深刻的印象:房间的窗外就是果园,想吃水果,伸手摘来就吃;想喝牛奶,奶牛走过来,接一杯就喝。园子里到处是绿树鲜花,迷人极了!

那个画面让我想起汉

口郊区果园的美景。从那时候开始，我就默默地立下了一个宏愿：我长大以后一定要学农，做一个农学家，创造出如梦如画的世界，造福人类。

开始踏上了逃亡之旅

到汉口后，我进入汉口扶轮小学读一年级。扶轮小学是民国时期政府为解决铁路职工子弟就学问题而设立的学校。学校一般设在铁路沿线，方便铁路职工子女上学，也为铁道事业培养后备人才。

1937年7月7日，日本发动了全面侵华战争。在武汉失守前，我们全家就踏上了逃亡之旅。我们一家6口，乘坐一艘小木船，经过20多天的艰苦航行，到达了湖南桃源。一路上，不时有日本飞机投弹扫射。死亡随时在威胁着我们。

到达桃源后，爸爸告诉我们，这里就是著名的"世外桃源"，传说东晋陶渊明的《桃花源记》里写的"世外桃源"就是这儿。接着，他就兴致勃勃地给我们讲起《桃花源记》来，全然忘记了一路奔波的艰辛。

爸爸在桃源县城找了一份工作，在乡间租了几间民房，外面用篱笆围成了一个小院，我们一家暂时过上了舒适的乡村生活。

1938年春,父母把我送进了弘毅小学。放学后,我就和小伙伴们一起去挖竹笋、摘胡豆、打麻雀、掏鸟蛋,有时还到桃花潭边捕鱼。

我还在音乐老师的指导下,削一段竹子,钻几个音孔,制成笛子,有模有样地吹出最简单的乐曲。

在此期间,妈妈生下了我最小的弟弟隆湘。我们在桃源住了将近一年,决定去重庆,期待在那里能找到一条生路。

在小木船上度过除夕之夜

路过岳阳时,爸爸带我们游览了著名的岳阳楼。面对浩荡湖水,爸爸指着楼上《岳阳楼记》木刻,又给我们讲述了范仲淹的《岳阳楼记》。

爸爸告诉我们,范仲淹是北宋著名文学家,诗文俱佳,但他流传最广的还是这篇散文。文章最后,写出了他忧国忧民的情怀:先天下之忧而忧,后天下之乐而乐!

他叮嘱我们,最后这句值得永远记住。于是,我又跟着他朗诵了两遍,并在脑海里深深地记住了影响我一生的这句话。

1939年1月,我们的小船再次穿过洞庭湖,过荆州，穿枝城，前往宜昌。

我们一家就在凄风苦雨中度过了除夕之夜。小木船上没有丰盛的年夜饭，没有欢乐的爆竹声，没有热闹的氛围。妈妈抱着小隆湘，暗暗伤感。爸爸开始也是满面愁容，后来，他开始轻声地背起古诗来。

慢慢地，他振作起来，然后对妈妈说："华静，不要难过。我们能在平安的环境中，一家人一起过春节，还是幸运的。现在，还有好多逃难的人流浪街头，家人离散，没吃没穿，饥寒交迫。我们应该高兴才对。我给你们读几首诗，提提神吧！"

他轻声地朗诵起苏东坡的《念奴娇·赤壁怀古》来。听完后，我禁不住向他发问："苏东坡说赤壁之战是周郎为主，可《三国演义》里却说是诸葛亮劝说东吴抗曹，好像主要靠诸葛亮。到底谁说得对呢？"

爸爸回答："这是《三国演义》美化刘备、诸葛亮，贬低孙权、周瑜造成的结果。其实，赤壁之战主要是孙权、周瑜打的。苏东坡写《念奴娇·赤壁怀古》时，《三国演义》还没有写出来，所以根本没提诸葛亮，只写了周瑜。"

接着，他又给我们讲了苏东坡的《定风波》。讲完后，爸爸对我们说："我最喜欢苏东坡的这首词。它表现了一种不畏大自然的一切风雨，不惧人世间的一切困难的精神。你们看，天上突然下起大雨，同行的人都吓得狼狈逃避，他却根本不把风雨当回事，仍在风雨中健步前行。等到风停雨住，夕照相迎时，便可领会世界上没有什么大不了的风雨！"

到宜昌后，我们换乘民生公司的民朴号轮船，赶往重庆。船进三峡时，爸爸又给我们讲述了《水经注》中对三峡的描写，还给我们朗诵了李白的《早发白帝城》。

我们几兄弟都听得津津有味。听完后，我又向他提出了一个问题："爸爸，李白说'朝辞白帝彩云间，千里江陵一日还'。怎么我们的轮船这么慢呀？"

他再次耐心地给我解释："李白描写的是下水，有水流送轻舟，那自然非常快；我们现在是上水，水把船往下冲，船当然就慢了！"

的确，我在船上，看到轮船经过急流险滩时，非常缓慢。经过青滩、泄滩、崆岭滩时，岸上还有机器用钢绳拖着轮船往上行。

进入龙门浩小学就读

1939年春，经过许多个日夜的颠簸，躲过无数次日本飞机的狂轰滥炸，我们一家终于

这才是你该追的星
袁隆平

来到了重庆。

我们在重庆南山下的周家湾狮子口龙门浩街27号住下。爸爸因为积极抗日被委任为国民党第二集团军驻渝办事处的上校秘书。随着他的升迁，我们家的生活也很快安定了下来。

随后，我进入南岸龙门浩小学就读。当时的校长郑佩昆是一位杰出的教育家，毕业于北京师范大学，1938年至1946年任龙门浩小学校长。她在任时大力提倡"教育以儿童中心之精神，为教导之心理起始；依民族至上之精神，为教导之社会目的"。

在她的带领下，龙门浩小学在20世纪40年代就迈入了重庆市先进学校的行列，被陪都教育部评为国民教育示范校，成为重庆市十大名校之一。她也被评为重庆市优秀校长。

我的班主任祝子清老师也是一位非常敬业的老师，上语文课时，他给我们讲了很多中国民间故事，如大禹治水的故事、巴蔓子的故事。其中，巴蔓子的故事让我印象深刻。听完后，我对大禹、巴蔓子等历史人物非常敬佩，因而也对重庆更增好感。

在日本军队频繁轰炸的那些日子里，祝老师有时候会领着我们躲到郊区，然后找一个长满树丛和蒿草的深沟,借着深沟的掩护,让我们手捧书本在里面上课。

每天清晨,我和最要好的同学黎浩,一路说说笑笑,蹦蹦跳跳,欢快地沿着龙门浩街的青石板路,穿过晨雾,走到学校。

放学后,我们经常跑到路边的小书摊边看连环画。这些小小的连环画,大多选取古今中外经典作品,特别是中国古典名著中的精粹。《三国演义》《水浒传》《西游记》等,是我和小伙伴看得最多的书。

晚饭后,我常常守在茶馆后面,听说书先生讲《西游记》《封神榜》《七侠五义》《岳飞传》中的故事。就这样,岳飞大破金兀术、杨家将满门忠烈的故事,深深地印在了我的脑海里。

当时,为了应对轰炸,重庆各地都修了防空洞。龙门浩小学的老师们也在学校后边挖了一个防空洞。每当日本飞机来轰炸时,学校就会拉响防空警报,凄厉的警报声一响,我们就不上课了,要躲到防空洞里去。

有一次,天气很热,我在教室里坐不住了,就带上弟弟隆德逃学去游泳。爸爸那天下午刚好回家比较早,他在阳台上拿望远镜欣赏南山的风景时,突然望见江里有两个小孩在游泳,再仔细一看,竟然是我和弟弟。

他又气又急,立即提了一根拐杖,跑到江滩上来,将我俩揪了回去，然后一顿"饱打"。这一次，也让我长了记性。

科学家小故事

自嘲"和牛顿一样笨"

袁隆平在龙门浩小学读书的时候，发生过这样一件趣事。有一次，老师在课堂上讲，牛顿在搞研究时，家里喂了一大一小两只猫。为了让两只猫能方便地从书房到厨房，他就请人按猫的大小，在他的书房里打了一大一小两个洞。

人们问他，你打一个大洞不就行了吗？他回答说："两只猫过一个洞不是要撞到吗？"

老师讲到这里，全班同学都大笑起来。可是袁隆平却没有笑，他觉得牛顿做得对呀。两只猫一大一小，是应该开一大一小两个洞，它们才好走呀！

后来回忆起这件事的时候，袁隆平还自嘲地对别人说："你看，我和牛顿一样笨！"

04
度过一段有趣的中学生活

> **科普小贴士**
>
> **已发现 40 余处新石器时代稻作遗存**
>
> 河姆渡是长江下游浙江省余姚市的一个小镇。1973 年至 1977 年，在这里发现了大面积的新石器文化遗存，叠压着四个文化层。
>
> 最下层的年代为距今 7000 年前，考古工作者发现了大量的栽培稻遗存、骨耜（耕地农具）、家畜的骨头、陶甑等陶器、干栏式住宅、水井等，震惊了全世界，证明河姆渡时期的中华先民已进入原始稻作农业阶段。
>
> 中国已发现 40 余处新石器时代遗址有炭化稻谷或茎叶的遗存，以太湖地区的江苏南部、浙江北部最为集中，长江中游的湖北省次之，其余分散于江西、福建、安徽、广东、云

> 南、台湾等省。新石器时代晚期遗存，在黄河流域的河南、山东也有发现。

4年多时间，都是在博学中学度过的

我从龙门浩小学毕业后，起初进入复兴初级中学，后转学到赣江中学。当时，我哥哥隆津在从汉口迁到重庆的博学中学读高一，他认为博学中学的教学质量比赣江中学好，就极力主张我也转学到博学中学。

于是，我又于1943年转到博学中学读初一。此后，我就一直在博学中学学习、生活。抗日战争胜利之后，1946年我们举家迁回武汉，博学中学也迁回汉口，我继续在博学中学读书。

前后总共有4年多时间，我都是在博学中学度过的。它是让我最感亲切的母校，可以说，它对我的成长有着深刻的影响。

这所学校在重庆的校舍十分简陋，除一栋学生宿舍属半砖瓦半土墙结构外，其余房屋都是用竹片敷上黄泥建成的。

由于博学中学是住读学校，我们每周有6天要在学校过集体生活。

在抗日战争时期，虽然生活很艰苦，天天吃的是糙米饭，顿顿都是素菜，一周才打一次"牙祭"，但我们的学习紧张而有规律，早上6点钟起床，10分钟后洗漱完毕，在操场集合做操，早操后吃饭，然后上课，学校的学习气氛浓厚，生活气氛活泼。

我记得很清楚，训育主任胡必达老师总是起床铃一响就马上赶到学校宿舍查睡懒觉的学生。他手里拿着一根竹片，敲打那些还在睡觉的学生的铺盖，催促他们起床。

一天早上，几个顽皮的学生想要捉弄胡老师，就把几个枕头包在铺盖里，伪装成一个学生在蒙头睡懒觉的样子。胡老师走进来，敲打那个铺盖后没有反应，掀开一看，才知道上当了。

当时的校长是胡儒珍博士，毕业于香港大学，他提倡学生在品德、学习、文体等领域全面发展。因此，学校经常组织我们开展文娱、体育等方面的活动。

我感到自己在这些方面受益匪浅。我喜欢各种球类运动，游泳更是我的强项，我一生都非常钟爱游泳这项运动。

偷偷跟着去参加游泳比赛

1947年6月，湖北省举办全省体育运动会，学校挑选了十几名身材魁梧的同学参加汉口的游泳选拔赛。我非常喜爱游泳，就向体育老师报名，要求参加预选。

他朝我打量了一番后，摇摇头说："你个子太小，体力不行！"我不服气地对他说："别看我个儿小，我游泳技术可好了！"

可是，体育老师仍然不相信我这么小的个儿，能游得过那些身强力壮的同学，还是不同意我去。那天晚上，我在床上辗转反侧。我实在不想错过这个机会，于是决定偷偷跟着去参加比赛。

第二天早晨，体育老师带队在前，10多个身材高大的学生每人骑上一辆自行车，一齐奔向市内某游泳池。我偷偷跳上了最后一名同学的单车后架跟了去。

当到达预赛场时，体育老师突然发现了我，就笑着说："你既然来了，就试试看吧！"我高兴极了。比赛时，我拼命向前游。

比赛结果出乎大家的意料，连我本人也没有想到，我竟然在汉口的预选赛中获得100米和

400米自由式两个项目的第一名。体育老师对我刮目相看，马上把我留下来参加正式比赛前的培训。

不久后，我在省运动会中取得两块游泳银牌。回到学校时，我受到大家的热烈欢迎。同学们在校门口把我抬起来，往上使劲地抛了好多次，就像迎接一位凯旋的大英雄一样。

通过这次比赛，我悟出了一个道理：在完全不被人了解、看重的情况下，要敢于冲破各种条条框框的束缚，主动、大胆地争取机会，自我推荐，把自己的才华充分展示出来。

英语水平突飞猛进

在学校里，不但英语由外籍教师教，物理、化学也由外籍教师全英文授课。考试时，若其他课程不及格，可以补考，但英语不及格，就得留级。因此，学生们学英语的氛围特别浓厚，老师也很讲究教学方法。

在那种几乎全英文教学的环境中学英语，我的英语水平突飞猛进。我当时看英文电影百分之八九十的台词都能听得懂。

看电影《魂断蓝桥》时，我基本上听懂了影片中的英语对话。在观看电影时，日本飞机轰炸重庆，很多观众都逃出去躲避了,我还沉浸在剧情中,舍不得离开。等电影结束离场时,我才发觉只剩下我一名观众了。

后来,我之所以能在频繁的国际学术活动中运用英语进行交流,主要是博学中学给我打下了良好的基础。当然,我妈妈对我的英语启蒙也很重要,她的英语很好,对我的影响也是很大的。

打破砂锅问到底

我是个喜欢打破砂锅问到底的人。

记得学正负数时,我很不理解"负乘负得正",心想:说正数乘以正数得到的是正数,这还好理解,为什么负数乘以负数也得正呢?于是,我就去问老师为什么,老师却说:"这个问题太深奥,给你讲不清楚。你死死记住就行了!"

我心想,我懂都不懂,怎么去死记呢?于是,我又缠着数学老师,希望他讲出其中的道理。

遗憾的是,我的数学成绩不是特别好。

上初中的时候,我喜欢在课堂上向老师提问题。

记得有一次上物理课,老师讲到著名的爱因斯坦的质能方程式 $E=mc^2$,他说:"E代表能量,m代表质量,c代表光速。光速是个很大的数字,再加个平方,就更是天文数字了,所以,很小的质量中就蕴藏着极其巨大的能量。"

很多同学听了就听了,还以为自己搞懂了。但我却总想弄个明白,就问老师:"老师,为什么物质的能量和光速的平方成正比呢?"

这的确是一个难以讲明白的难题,但是物理老师却当着大家的面表扬了我,认为我的问题提得很好。他还举出生活中的事例,进一步加以解释。

他说:"譬如1千克煤,完全燃烧后释放出8000千卡热量,能把几十千克0℃的冷水烧到100℃。但如果把这1千克煤的全部能量释放出来,就相当于一个城市几年所消耗的电力。至于怎样才能全部释放这么大的能量呢,还得等今后科学技术手段的发展来解释!"

听完物理老师的这番解答,我倒是一下子觉得思路开阔了许多,也对此加深了理解,觉得这个最简单的方程式说明了最深奥的问题。

科学家小故事

"我来教你游泳,你帮我解数学题"

在博学中学上学时,与袁隆平同桌的同学叫林华宝。小的时候,他数学很好,但不会游泳。袁隆平就说:"我来教你游泳,你帮我解数学题,我们达成这样一个协议。"

结果呢,林华宝数学好,三两下就解出了题目,袁隆平却要花很多时间教他游泳。不过,对当年的学习,袁隆平一直感到遗憾的就是数学没学好。

几十年后,袁隆平到北京开会时,见到了林华宝,原来他也是工程院院士。袁隆平问他游泳游得怎么样,他说在单位里比赛还得了第一名。

05
更加坚定了学农的信心

> **科普小贴士**
>
> ### 中国古代水稻的分布格局
>
> 公元前4000—公元前3000年，中国的稻作农业已发展到了长江中下游地区、赣江流域、闽江流域、珠江流域，并向北推进到黄河中下游地区，其北线已到达北纬35度附近。
>
> 公元前3000—公元前2000年以后，中国的稻作农业已向北扩展到山东半岛，并传播到朝鲜半岛，然后进一步传到日本。
>
> 到唐代时，中国的水稻农耕，已向北推进到北纬43度地区，唐代文献中所提到的渤海国"庐城之稻"，就是很好的例证。庐城，就是现在的延边朝鲜族自治州的龙井市一带。
>
> 从中国发现的史前稻作遗存中，可以看出中国水稻的起

> 源和推广路径:长江中下游是中国水稻的起源地,水稻以这里为起点向外扩展,并在距今4000~5000年,推进到黄河流域和长江以南地区。夏商周时期,栽培区域进一步扩大,向长江上游、云贵、黄河以北推进,基本上形成了中国古代水稻分布的大格局。

把农业作为自己的第一志愿

1948年,因父亲工作调动,我进入南京中央大学附中(今南京师范大学附属中学)学习。

1949年4月,人民解放军横渡长江,解放了南京。爸爸作为国民政府官员,不得不乘坐最后一列火车,离开南京,去往重庆。于是,我也跟随父亲,回到了我熟悉的重庆。

到重庆后,我积极准备报考大学。

重庆北碚有一所与复旦大学有渊源的相辉学院。1939年,上海复旦大学内迁至北碚夏坝,建立临时校址。抗日战争胜利后,学校于1946年6月迁回上海。复旦同学会决定在北碚原址筹办一所学校,定名为"相辉学院",设文史、外文、经济、法律、农艺系和会计、农业两专修科。

05 - 更加坚定了学农的信心

我选择了报考相辉学院，并把农业作为自己的第一志愿。

我之所以选择学农，其实主要缘于从小立下的志向。小时候，我就想自己长大以后一定要学农。随着年龄的增长，我学农的意愿更加强烈，于是学农就变成了我的人生志向。

但爸爸觉得学理工、学医的前途应该会很好，我对他说："古人说，民以食为天。农业多重要，没有农民种田，我们人类都不能生存！农业可是关系着几亿人吃饭的问题，应该很有前途。"

妈妈也不赞成我学农，她说学农很辛苦，那是要吃苦的。我说我已经填报志愿了。

我还说我以后办了园艺场，种果树、种花卉，就能体会到田园之美、农艺之乐。我还跟她阐述农业的重要性，说吃饭是第一件大事，没有农民种田，人类就不能生存。

父母最终还是尊重了我的选择。就这样，我如愿以偿地进了相辉学院的农艺系。

这才是你该追的星
袁隆平

学遗传育种专业

19岁的我，背着简单的行李，从重庆城区乘船，到了位于北碚区嘉陵江对岸的相辉学院。

我进入相辉学院时，农艺系的系主任是王翊金。我们第一学年主要是基础课，开了英文、国文、植物学、普通化学、地质学、农业概论、气象学、农场实习等课。

当时，我学的是遗传育种专业，因为我对这个专业比较感兴趣。在当时任课的教师中，管相桓教授是我最喜爱和敬重的老师，他主要讲授进化论、遗传学、作物育种学等课程。

他当时讲的遗传学基础理论，对我有比较大的影响。他是研究水稻遗传的，在课堂上和课外活动中，经常给我们讲"水稻的出路在于杂交"，这对我后来的杂交水稻研究起到了重要的启蒙作用。

只是当时，大学里都不讲孟德尔、摩尔根的遗传学，只讲苏联李森科的一家之言。李森科崇尚米丘林学说，坚持生物进化中的获得性遗传观点，提倡无性杂交，否定基因的存在，抵制并批判孟德尔、摩尔根的遗传学。

然而，管相桓教授推崇的却是孟德尔遗传学。所以,他经常会讲到孟德尔、摩尔根的遗传学理论,并对米丘林、李森科的学说发表不同的看法。他还一再叮嘱我们,要好好学习遗传学,并给我们推荐了相关书籍。

为了较好地掌握农学理论,搞清米丘林、李森科的理论同孟德尔、摩尔根的理论的分歧和真相,除了时常向管相桓教授请教,我还经常到图书馆阅读中外文农业著作及科技杂志,并将两者的理论相比较。在这个过程中,我积累了丰富的农学专业知识,也扩大了自己的学术视野,奠定了自己的学术基础。

给我取了一个外号叫"大Bass"

大学期间,我有几个玩得很好的同学,其中一个叫梁元冈,他会拉小提琴,我们就跟他学着拉。不久后,我就会自己拉舒伯特的《小夜曲》《思乡曲》了。1952年9月,学校为了欢迎新同学,要排节目,我就和梁元冈一同上台表演小提琴合奏,还受到同学们的欢迎。

当时,由于我唱歌声音较低沉而且共鸣很好,同学们就给我取了一个外号叫"大Bass"。我在大学里面还是合唱团的成员,专门唱低音。我喜欢比较经典的音乐,如苏联歌曲《喀秋莎》《红莓花儿开》《莫斯科郊外的晚上》等。

我还会唱英文歌。每到课余时间，我就和梁元冈、陈云铎、孙昌璜等同学，聚集到一个宿舍里一起唱歌。

游到对岸去看电影

上大学时，我特别喜欢运动，我还会教同学们游泳。在北碚夏坝的时候，前面是秀丽的嘉陵江，我们经常去游泳。

有时为了去对岸看电影，我就将衣服顶在头顶上，游过去了再穿，这样就可以省下坐船渡江的几分钱。当时，三分钱就可以买一个鸡蛋、一根油条呢。而这样做，不仅节约了船钱，更重要的是锻炼了身体。

记得有一次，有个同学在嘉陵江夏坝段游泳失踪了，同学们急忙跑来找我去救那个同学。我赶到江边就扑通一声跳入江中寻人，但我找了很久都没找到人。后来才知道，那个同学被江底的石头卡住遇难了，我还为此难过了很久。

感受到中国农村的落后

在读大学期间，我两次深入农村，住进农民家庭，感受到了中国农村的落后，农民生活的艰难困苦。我记得很清楚，他们住在简陋的茅草房里，家里没有什么生活用具，一家人穿着破旧的衣服，一年有好几个月都是吃红薯、土豆，用蔬菜当主粮。

当时我就在想，如果小时候妈妈带我们去的不是那个美丽的果园，而是带我们到这些真正贫困、落后的农村，我恐怕当时就不一定会立志学农了。

不过，一想到我们的农村是那样的贫困、落后，反倒让我更坚定了学农的决心。既然选择了学农，我一点也不感到后悔。看到农民这么苦，我就暗下决心，立志改造农村，真正为农民做点实事。

我一直认为，学农的人就应该有这个义务：发展农业，帮助农民提高农作物产量，改善他们的生活。实际上，看到农村贫穷落后的状态，反而让我觉得自己所学的知识有了用武之地。同时，我也感到自己肩上的担子更重了。

到农村去，到艰苦的地方去

1953年夏天，我和其他同学一样，都面临着毕业分配。我的父母流露出了希望我在重庆工作的想法。当时，我也产生了留在重庆工作的念头，这样全家人就可以相聚在一起了。

7月下旬，学校在礼堂举行了隆重的分配动员大

这才是你该追的星
袁隆平

会。在大会上，校领导向全体毕业生发出号召：接受祖国挑选，服从统一分配，到基层去，到农村去，到艰苦的地方去，到祖国最需要的地方去！

听了领导的报告后，我突然改变了留在重庆工作的想法，就在毕业分配志愿表上，填写了愿意到长江流域工作，愿意服从分配。几天后，学院人事处通知我，我被分配到湖南省安江农校。

当时，我根本不知道安江在什么地方。于是，我来到图书馆，在地图上找了半天——原来安江是湘西的一个的小城。

刚开始，我觉得有些气馁，甚至想不通，自己怎么被分到那么偏僻的一个农业学校。但我转念一想，到哪儿不是工作呢？我不是填写了希望分配到长江流域工作吗？湖南不是长江流域吗？何况我当时还填写了服从组织分配。

8月的一个黎明，父母和弟弟把我送到了朝天门码头。我站在船舷边，看着石梯上向我挥手的父母和弟弟，频频地向他们挥手。他们的身影越来越远、越来越小，渐渐地模糊在雾霭之中，慢慢地融入巍然屹立的朝天门码头。

科学家小故事

年少慕艾

和所有朝气蓬勃的少年一样，袁隆平也有过情愫暗生的时刻。

上大学时的一天，袁隆平在校园中看到一位漂亮、端庄的女同学，悄悄打听后才知道她是园艺系的。当时，袁隆平就对她动心了。

暑期开文艺晚会，大家围坐成一圈，这个女同学刚好就坐在袁隆平对面。等晚会结束，她起身走了，袁隆平自始至终不敢同她说一句话。就这样，袁隆平对她的暗恋持续了3年多。直到大学毕业，他也没向她表白。

06
发现一株"鹤立鸡群"的水稻

> **科普小贴士**
>
> **丁颖教授研究中国稻种起源**
>
> 　　1926年，中国水稻研究奠基人丁颖，在广州犀牛尾沼泽地发现一种野生稻，随后又在珠江流域发现了多种野生稻，分布在罗浮山麓以至鉴江流域：番禺、增城、从化、清远、三水，南至阳江、茂名，西至广西西江流域。
>
> 　　丁颖教授为此进行了二十余年关于中国稻种起源于华南的理论与实验论证。首先通过考证先秦两汉的文献，丁颖教授从语言文字角度根据"农、麦、粟、禾、黍、米"等字的字形、字义演变来说明中国稻作起源悠远，并结合《说文解字》《古籀汇编》等书的解释，丰富"稻"字音字义的变化及与各国发音之间的渊源。

06 - 发现一株"鹤立鸡群"的水稻

> 随后,丁颖教授提出了一个严密的水稻品种分类系统,梳理了野生稻嬗变为栽培稻的历史轨迹,系统论述了水稻原产于中国华南地区的观点,得到了国内外学者的广泛重视和认可。

开始了长达18年的教书生涯

我由重庆坐船顺着长江到武汉,再转乘火车到达长沙。在长沙,我先到湖南省农业厅报到,开了介绍信,把行李放到招待所,到湘江去畅游了一番。第二天,乘车去安江。

那时候到安江还只有烧木炭的老汽车。从长沙出发,我足足坐了两天的汽车才到安江。到了安江,校长在向我们介绍学校情况时,特别提到学校有电灯,还说有电灯就不是乡下了。记得那个时候,人们在憧憬美好幸福的生活时,总是说"电灯电话、楼上楼下"。

对我来说,特别有吸引力的却是绕着学校后门缓缓流淌的那条沅江,因为那是一个游泳的好去处。也因为这条江,我一下子就喜欢上了这个地处偏僻之所的学校。刚到校,我赶紧把行李一放,跑到江中游泳去了。从此,这条沅江就成了我的天然游泳池,我没事的时候就经常去那儿游泳。

在这里,我开始了长达18年的教书生涯。

我刚到学校的时候,学校正好缺俄语教师。校领导知道我在大学期间学过俄语,所以就先安排我去教俄语。我虽然不是学俄语专业的,但教一些初级的俄语还是没问题的。就这样,我当了一学期的俄语代课老师。

后来,学校遗传学教研室认为我大学四年学的是遗传育种专业,应该学以致用,就把我从基础课程教研室调到了专业课程教研室。从此,我就干上了自己的老本行:教授植物学、作物栽培、遗传育种等专业课。

最初,我主要教学生普通植物学。为了上好这门专业课,我在课前下了苦功夫备课。从构成植物体的最小单位细胞的构造开始,到根、茎、叶、花、果实、种子的外部形态,植物的生物学特性及遗传特性等,我都进行了深入的学习与钻研。

为了在显微镜下观察细胞壁、细胞质、细胞核的微观构造,我刻苦练习徒手切片技术。一次、两次……十次没有成功，我就上百次地切，一直到在显微镜下得到满意的观察效果，我才善罢甘休。有时甚至观察到凌晨两三点，我才离开实验室。

为了把这门课讲好，我还经常带领学生去农田或爬上雪峰山采集实物标本，帮助学生们认识各种野生植物。有一次，我们在雪峰山上看到一块巨大的礁岩，上面都不长植物了，我们爬上这块伸出去的大石头往下看，哇！安江就在下面，近在咫尺。

后来上遗传学课时，由于还没有一本正式的、由教育部门编写的教科书，我就索性自制图解、画表格，自己编教材。为了提高学生的动手能力和操作技能，我就带大家搞试验。那时，每个班都组织课外活动小组，我在我们班成立了一个科研小组，希望把课堂学习的知识与实践结合起来。

我除了教课，同时还担任农学班的班主任。班主任这活儿可不好干，也不是我擅长的。于是我只好充分调动学生干部的积极性，让班上的团支部书记、班长和学习委员组成"班三角"，让团支部书记做学生的思想工作，让班长管班上的事务工作，让学习委员抓全班的学习。这样，我就省心很多了。

而我，也可以发挥自己的特长，带他们搞各种各样的课余活动和体育活动，如拉小提琴、教唱俄语歌、带"旱鸭子"学游泳、练跑步、练跳远、踢足球等。

记得我们班上有位名叫李俊杰的文体委员，我经常教他拉小提琴，后来还把我自己的那把小提琴送给了他。他会作曲，每次他作曲之后就拿来让我修改，我们两人一时兴起，就开始一起唱歌。

在教学过程中，我逐渐积累了较多的生物学知识和农业生产实践经验。这对我以后的水稻育种研究，是相当有帮助的。

带领学生科研小组搞试验

1956年，党中央号召向科学进军，国务院组织制定了《1956—1967年科学技术发展远景规划》（简称"12年规划"）。当时，我觉得自己已经工作了3年，基本熟悉了专业教学，应该考虑真正搞点科学研究了。

于是，在教书之余，我就带领学生科研小组做试验，希望能发现一个新的品种，一种高产的新作物。

当时，学校给了我很大的帮助，不但为我划分了试验田，而且还让我所带班级里的学生承担起助理的工作，如杨运春、尹华奇、潘立生等学生，经常跟着我一

06 - 发现一株"鹤立鸡群"的水稻

起做教学实习。

我开始是用红薯试验，主要想把月光花嫁接在红薯上，通过月光花光合作用强、制造淀粉多的优势，来提高红薯的产量。我当时希望地下能长出红薯，藤上的月光花也能结出籽，这样就可以作为繁殖下一代的种子。

但是，月光花与红薯的生长期并不完全同步，如果要达到让月光花在短光照下结籽的目的，就需要缩短日照时间。但我们学校那时没有这些设备，于是我就拿出自己的被单涂上墨汁，来给月光花遮光。

另外，我还做了把番茄嫁接在马铃薯上的试验，希望能够上面结番茄，下面长马铃薯。我甚至把西瓜嫁接在南瓜上，希望得到新型的瓜种。我希望通过这些实验，获得优良的无性杂交品种，提高农作物的产量。

当年，确实也结出了一些奇花异果，如月光花嫁接红薯，地下长出的红薯，个儿头很大，最大的一个竟然达到8.75千克。大家很高兴，称它为"红薯王"，而且月光花上面也结了种子。

在另一块地里，从土里挖出了马铃薯，茎上结了番茄。南瓜和西瓜嫁接，也结出了新的、奇异的大瓜。

当时学校领导看到了，就立刻请来记者，在报纸上做了鼓舞人心的报道，我还因此出席了在湖南武冈县

（今武冈市）召开的全国农民育种家现场会。当时的我很兴奋，以为这一成果说明我已经找到了增加作物产量的方法。

第二年，我再把培植这些奇花异果所获得的种子种下去以后，却发现所获得的优良变异并没有遗传下来。月光花嫁接红薯的种子播下去，只有地上照样开月光花，地下却不再结红薯了。番茄和马铃薯、西瓜和南瓜经过无性杂交获得的种子种下去，到秋天收获时发现，植株上还是只生长一种作物。

我不甘心，接下来又做了两年的实验，可是这些实验最后全都失败了。这两年的实验证明，我的实验只能在小范围内进行，一棵经过月光花嫁接的红薯苗，即使结了近10千克重的巨型红薯，也没多大的实用价值。因为农民不可能将大量的月光花一朵一朵，费时费力地嫁接到满地的薯秧上。

这让我意识到，这种无性杂交的方法，根本不能改变这些作物的遗传性。在课堂上，我也对学生讲了实验失败的事实，并把他们带到实验地里，告诉他们："科学是老老实实的学问，来不得半点虚假，不能因别人的赞扬而迷失方向，更不能自己欺骗自己。"

冷静后，我突然想起在读大学时，管相桓教授曾给我讲过的当时受到批判的孟德尔和摩尔根的遗传理论。于是,我一头钻进图书馆,找来管教授推荐的书籍认真学习,并大量阅读一些新的科技信息。

记得是在1957年,我在《参考消息》上看到一则报道,DNA的双螺旋结构遗传密码的研究获得了诺贝尔奖,表明现代遗传学已进入到分子水平。

从1958年起,我觉得还是应该走孟德尔、摩尔根遗传学的路子。

其实,我在大学时就有了一些孟德尔、摩尔根遗传学的基础。我从文献中,更进一步地了解到孟德尔、摩尔根现代经典遗传学已经不是停留在理论上了。当时的实践证明,染色体学说和基因学说,已对改良品种起到了重要的作用,如无籽西瓜等。

我试图用孟德尔、摩尔根的遗传学育种,起初考虑的是研究小麦、红薯。就在那时,刚好举办了一个全国小麦会议,我看到一份资料,西藏的小麦亩产上了500千克,而湖南小麦产量是全国倒数第一,平均不到150千克,原因是湖南的气候不适合,易得赤霉病,我这才意识到在湖南搞小麦是没前途的。

接下来,我又做红薯研究,带领学生做了红薯高产垄栽试验,最高产量的一蔸竟达到10千克。这时,我发现因为红薯不是主要作物,所以没有课题,也没有经费。在湖南,90%以上的粮食都是水稻,因此最重要的粮食作物是水稻。

把研究方向,转到水稻育种上来

意识到水稻才是我国的主要粮食作物后,我决定转为研究水稻。从1960年起,我就开始了水稻方面的试验。我做了水稻的直播试验、密度试验,其中,直播试验每亩比一般的水稻种植增产45~50千克,取得了初步的成果。

1960年3月,我带领40多名农校学生到黔阳县(今洪江市)硖州公社秀建大队参加生产劳动。在那期间的一次交谈,促使我开始了水稻育种研究。

那时,我住在生产队队长老向家里。一天,老向冒雨从村外八门蔸换稻种回来,他赶紧抓了一把稻种,高兴地对我说:"袁老师,这是刚从八门蔸换回来的种子,多好!"

接过稻种,我边看边问:"你为什么要跑那么远,去八门蔸换种?"

老向回答道:"听说,使用这种种子好,能增产啊!"接着,老向又用低沉的声音说:"粮食这么紧张，要多打粮食，不仅要靠好年成，还要靠好种子呀！去年八门夼使用好种子，今年就没有吃国家的返销粮了。"

我继续问他："为什么八门夼的种子好些呢？"

老向接着说："那里是高坡敞阳田，谷粒饱满。老辈人说，施肥不如勤换种。我们队已连续两年粮食减产了，所以我就去换来了这些好种子。"

"施肥不如勤换种"，老向不经意间说的这句话，给了我很大的启发。确实，农业上增产的途径有很多，但其中良种最重要。这句话就像一道光，一下就照亮了我的心房。我强烈意识到，其实农民最紧迫的需要就是良种——水稻良种。

最后，他又恳切地对我说："袁老师，你是教农学的老师，是农业专家，你搞科学试验，一定会为我们培育出新的稻种吧！如果能研究出一种新稻种，让我们亩产400千克、500千克、1000千克，那该多好啊！我们的苦日子就熬到头了！"

从此，我就决定把自己的研究方向，转到水稻育种上来。

那时，我已从相关文献上了解到，美国科学家通过10年的杂交玉米试验，成功地将玉米产量大幅度提高了。后来，墨西哥农学家又培育出了增产显著的小麦品种。在水稻、小麦、玉米、油菜和棉花这世界五大作物中，只有水稻在培育优质、高产的品种上一直停滞不前。

当时在农业育种研究工作中，选育优良品种主要有两种方法：一是系统选育，二是从国外引进的材料中去选。系统选育，是从一个群体中选择表现良好的变异单株加以培育，最直接的方法是到农民的田里面去选优良的单株，再优中选优。

突然发现一株形态特优的稻株

我记得很清楚，1961年7月的一天，我跟往常一样来到农校的试验田选种。在一丘早稻田块里，我突然发现一株形态特优的稻株"鹤立鸡群"，长得特别好。只见它穗子大，籽粒饱满，稻株上竟然有10多个8寸长的稻穗向下垂着，就像瀑布一样。我挑了一穗，仔细地数了数籽粒，竟有230粒，这简直让我不敢相信自己的眼睛。

当时，我真是如获至宝。我推算了一下，如果用它做种子，水稻亩产量就会达500千克。

我高兴极了，马上就给它做了标记，看是否可以作为育种的好材料，进一步培育。我心想，如果所有的水稻都像这株稻谷长得那么好，亩产500千克的目标一下子就有可能实现了。

到稻谷成熟时，我小心翼翼地把这株稻株的种子全部收下来。第二年春天，我把这些种子播种到田里。之后，我就天天往那块田里跑，每天观察、施肥、灌水、除草，"望品种成龙"，渴望能有惊人的奇迹出现。

然而，禾苗抽穗后，却让我大失所望。这些稻株抽穗，早的早，迟的迟，高的高，矮的矮，参差不齐，没有一株有它"老子"那个"鹤立鸡群"的模样。

当时，我感到很灰心，失望地坐在田埂上，呆呆地望着眼前这些高矮不齐的稻株，心里充满困惑：为什么会这样？

在失望之余，我却突然来了灵感：水稻是自花授粉植物，纯系品种是不会分离的，它为什么会分离呢？这种性状参差不齐的表现，是不是就是孟德尔、摩尔根遗传学上所说的分离现象呢？

我眼睛一亮，感到非常欣喜，因为只有杂交种的后代才可能出现分离。我意识到，前一年选到的那株优良的水稻现在出现了分离，其本身是不是就可能是一株杂交水稻呢？杂种优势是不是不仅在异花授粉作物中存在，在自花授粉作物中也同样存在？

在这个灵感的启示下，我赶紧仔细地做了记录，反复进行统计和计算。稻株高矮不齐的分离比例正好是3∶1，这完全符合孟德尔的分离规律。

这一重大发现，让我异常兴奋。我认为，自己选到的那株"鹤立鸡群"的水稻，应该就是一株天然的杂交水稻。

另外，遗传学的基本知识告诉我，水稻是自花授粉植物。在湖南有些籼粳混作的地方，在糯稻（粳稻）田里，经常有"公禾"出现，也叫"冬不老"。它们实际上就是天然杂交株，表现优势强，往往就是"鹤立鸡群"的那种。

把这两点联系到一起，就大大地启发了我，原来水稻也具有杂种优势。于是，我心想：自然界既然存在天然杂交水稻，水稻这种自花授粉作物确实存在杂种优势，那就意味着我们也是可以通过人工的方法来利用这一优势的。

从1962年到1963年，我通过多次人工杂交试验，发现的确有一些杂交组合有优势现象。这样，我进一步推断水稻具有杂种优势，并认为利用这一优势是提高产量的一个途径。

从此，我就萌生了要培育杂交水稻的念头。

科学家小故事

先唱俄语歌，再教俄语字母

在安江农校的第一节课，袁隆平走进课堂，首先微笑着问大家："同学们，你们知道苏联吗？"大家七嘴八舌地叫起来："知道！"课堂气氛一下就热闹起来了。

他又问大家："请你们说说，你了解的苏联有多大，人口有多少，位置在哪儿，他们用的什么语言，好吗？"

等同学们回答完，袁隆平再简单介绍了苏联的情况，然后接着说："俄语是世界上最优美、最动听的语言之一，他们的歌曲也是非常优美动人的。你们会唱《喀秋莎》吗？"

"不会。"学生们齐声回答。"那老师唱给你们听一听，好吗？"学生们一齐欢呼起来："好！"教室一下就变成了欢乐的海洋，同学们马上就被他的歌声吸引了。

最后，袁隆平把33个俄语字母写在黑板上，一个一个地教他们发音。他把俄语字母中的弹音"Р"作为重点，教他们怎么发弹音。他从口形、发音部位到声带振动等方面，进行现场示范，并带领大家反复练习。

下课以后，走廊里、寝室里、食堂内外，大家就经常听到同学们带有"Р"的卷舌音的发音。

07

水稻三系配套研究

> **科普小贴士**
>
> ### 野生稻的人工驯化过程
>
> 水稻的演化，伴随着野生稻的人工驯化过程。人工驯化野生稻，是原始农业的一个重要发端。考古学家证明，在距今10000～12000年，稻作农业已在中国长江流域产生。
>
> 随着万年的驯化，野生稻逐渐失去了多年生、易落粒、长芒、匍匐生长等特征，慢慢"站"了起来，其生育期缩短，种子不易落粒，芒短或消失，产量高，品质好，变得更加适应人类生产和生活的需要，形成了今天的栽培稻。
>
> 最早被利用并驯化的稻属品种是粳稻，长江中游地区大致在距今8000年之前就已经驯化了粳稻。之后的数千年内，粳稻从长江中下游地区向外扩散，在距今4000年前传入印

度，与当地一年生野生稻杂交之后，才出现了籼稻。

籼稻和粳稻是栽培稻的两大亚种。籼稻主要分布在低纬度、低海拔的湿热地区，谷粒细长，易落粒，稻米黏性较弱；粳稻主要分布于高纬度地区，谷粒短圆，不易落粒，稻米黏性较强。在我国，素有"南籼北粳"之说。

自费到北京，拜访鲍先生

为深入研究杂交水稻，我想要找到利用水稻杂种优势的理论依据。我不由得回想起母校的管相桓教授十分推崇而且多次给我们推荐过的鲍文奎先生。

鲍先生当时是中国农业科学院[①]作物研究所的研究员、中国著名的遗传育种专家，早年毕业于中央大学农学院农艺系，后赴美国著名的加州理工学院生物系进修，获得博士学位后回国。

1962年的暑假，我怀着强烈的求知欲，自费到北京，拜访了鲍先生。那时他还不到50岁。我虚心地向他请教，给他讲述了我发现的那株"鹤立鸡群"的稻株情况，并谈了我对这株稻株的分离现象的认识，最后得

---

① 1957年成立于北京，1971年与中国林业科学研究院合并为中国农林科学院，1978年恢复为中国农业科学院，简称中国农科院。

到了他的肯定。他还鼓励我在科研上要敢于大胆探索，特别指出"实事求是才是做学问的态度"。

同时，在他的帮助和指导下，我又到中国农科院的图书馆里阅读了不少专业杂志和书籍。那些书当时在安江是根本无法读到的，内容包罗万象，有遗传育种学科前沿的基本情况，有我感兴趣的理论探索的热点问题，有杂交育种的实际进展等。因为我是带着问题去的，所以这次的收获非常大。

开始研究人工杂交水稻

从那株"鹤立鸡群"的水稻和我前一两年的人工杂交试验中，我都看到了水稻的杂交优势。我还从文献上看到，早在1926年，美国人琼斯就发现水稻雄性不育现象，并首先提出水稻具有杂种优势，从而引起了各国育种专家的重视。

1963年，我开始研究人工杂交水稻。在水稻扬花的季节，我拿着装有45摄氏度热水的热水瓶，到水稻田中，把刚刚开花的水稻颖花（雄蕊）倒插入瓶中，浸泡两三分钟，把它的雄蕊杀死。然后，再用旁边水稻的颖花来给这株水稻的雌蕊受粉。这是个笨办法，一天最多只能授粉一两百株，看来还是行不通。

我认为，作物杂交有无优势，决定性的因素不在于自花授粉或异花授粉的繁殖方式，而应该在于杂交双亲的遗传性有无差异。我想，只要我们能探索出其中的规律，就一定能够遵循这一规律培育出人工杂交水稻来。然后，再将这种杂种优势应用到生产上，就可大幅度提高水稻的产量。

由发现天然杂交水稻进一步推想，我认为必定存在天然的雄性不育水稻。为了人工培育杂交水稻，首先就必须选育出这样一种雄性不育的特殊品种来。这个品种的雄花退化，雌花却是正常的，这种现象在自然界中存在的概率是万分之一。这就是我后来所说的"雄性不育系"。

我用了将近三年的时间，请教了很多前辈专家，查阅了大量资料、文献，不断地思索、考证、类比、推理、综合、统筹、想象，在肯定、否定、否定之否定这个过程中反反复复地琢磨。

由于雄性不育系的雄性花粉是退化的，我们可称之为"母水稻"。这种水稻的雄蕊没有花粉，要靠外来的花粉繁殖后代。换句话说，雄性不育系就是人工创造的一种雌水稻。

有了雄性不育系后，再把它与正常品种相间种植，并进行人工辅助授粉，就可以解决不要人工去雄，就能大量生产第一代杂交种子的问题。所以说，雄性不育系其实就是一种工具，借助这种工具就可以生产大量杂交种子。

我们后来的杂交水稻制种，就是通过在田里种几行雄性不育的水稻，再在它们旁边种几行正常的水稻品种，让它们同时开花，并在开花以后，用人工辅助授粉方法让正常水稻的花粉满天飞，落到雄性不育系的雌蕊上，这样就能实现大规模生产杂交种子。

设想采取三系法技术路线

我查阅了国内外有关农作物杂种优势利用的文献，并设想采取三系法技术路线，通过培育雄性不育系、保持系、恢复系，最后实现三系配套，以达到利用水稻杂种优势的目的。

三系中的保持系是正常品种，但它有一种特殊的功能，就是用它的花粉给雄性不育系授粉，所产生的后代仍然表现为雄性不育。由于年年要生产第一代杂交种子，就要年年提供大量的雄性不育系，而雄性不育系本身的花粉不起作用，不能自交结实。

繁殖雄性不育系的种子，是通过保持系提供花粉的，花粉授给了雄性不育系，所产生的后代仍然是不育的。这样，雄性不育系就能一代又一代地繁殖下去了。

在生产运用中，还必须选育另外一种品种给雄性不育系授粉，这样的品种有另一种特殊功能，它给雄性不育系授粉之后，所产生的后代恢复正常可育，这种品种被称为"恢复系"。如果它产生的后代正常结实，又有优势的话，就可用于大面积生产。

由此可见，如果要利用水稻的杂种优势，就必须做到三系配套。在当时，这也是一道美国、日本等国的科学家尚未破解的世界难题。

寻找天然的水稻雄性不育株

后来，我又从1961年夏天发现的那株天然杂交水稻中获得灵感：既然自然界存在天然的杂交水稻，也就会有天然的雄性不育株。但当时的实际情况是，这种天然雄性不育水稻，不仅我们自己没有见过，就连中外文献资料中也没有记录。

不过,从植物学的观点来看,花药不开裂是许多作物的雄性不孕性的性状之一。因此,我就根据这个特征来按图索骥,寻找天然的水稻雄性不育株,用来作为培育雄性不育系的材料。

1964年的6月,水稻开始进入抽穗扬花的时节。我请示校长给我调了课,把上午10点到下午3点的课,全部调出来。这样,就便于我到稻田里仔细寻找天然的水稻雄性不育株。

每天上午10点多,正是烈日炎炎之时,我就背个水壶,揣两个馒头,到稻田里去了,手拿放大镜在水田里一株一株地寻觅。我中午也不休息,一直到下午4点左右才回家。

因为中午正是水稻开花最盛的时候,也是寻找雄性不育株的最佳时机。头上顶着如火的骄阳,赤着双脚踩在稀泥中,稻田里的脏水被太阳一晒,整个人就像在蒸笼里一样,而稻穗又像芒刺一样戳着我。

每天,我都满怀希望而去,在一块块田里,一垄垄,一行行,一穗穗,拿着放大镜仔细地观看和检查。从早上到下午,汗水一次次湿透衣背,蚂蟥一只只爬到脚上,蚊虫一群群飞绕身边。渴了,我就喝一口水壶的开水;饿了,我就啃一个干馒头。

这样一天下来,我被晒得头晕眼花,累得筋疲力尽,却一无所获。第二天,我又满血复活地到稻田里去。只要发现有点异样的,我就赶快拿出放大镜仔细观察和检测。

就这样,一天,两天,三天……我每天都在成千上万的稻穗里寻找。那时,我的一位学生潘立生也跟着我一起寻找,我们就像在大海里捞针一样。

终于有一天,我还是顶不住,中暑晕倒了,胃病也发作了。小潘赶紧把我扶到树荫下休息,进行了简单的防暑处理,稍作休息,我又接着继续寻找。胃痛了,我就一只手压着痛处,另一只手不停地翻开稻穗仔细察看。

1964年7月5日,是我终生难忘的一天。这也是我寻找天然雄性不育株的第14天,午后2点多,一株特殊的水稻突然吸引了我的注意。它的花开了,但花药瘦得很,里面没有花粉,退化掉了,但是它的雌蕊却是正常的。这不就是退化了的雄蕊吗?

我欣喜若狂,立刻就将花药采回学校实验室做镜检。最后发现，这果然是一株花粉败育的雄性不育株。坚持了14天后，我终于在拿放大镜观察了14万多个稻穗后，从洞庭早籼品种中发现了第一株雄性不育株。

这也意味着，我们攻克杂交水稻的育种难题，跨出了最关键的第一步。

1965年的夏天，我又带上新婚不久的妻子邓则，继续在安江农校和附近农田的茫茫稻海中，寻觅雄性不育水稻。

通过上一年的观察，我已经有了一些经验：正常植株的颖花刚开花时，花药膨松，颜色鲜黄，用手轻轻振动就有大量花粉散出；开花后不久，花药就裂开了，药囊变空，呈白色薄膜状挂在花丝上。

我在检查时，若发现有开花后花药不开裂、振动也不散粉的稻穗，就会用5倍放大镜再进一步检测。只要确证为花药不开裂的，我就视作雄性不孕植株，加以标记。过两到三天，我再复查几次，并采集花药进行显微镜检验，再用碘化钾液染色法进行花粉反应的观察。

就这样，在那两年里，我先后检查了几十万株稻穗，在栽培稻洞庭早籼、胜利籼、南特号和早粳4号这4个品种中，最终找到6株雄性不育株。根据这些雄性不育株的花粉败育情况，我把它们分为三种类型：无花粉型、花粉败育型、花药退化型。于是，我就将它们作为选育三系研究的起点。

正式提出培育水稻三系

等到这三类雄性不孕植株成熟时，我就分株采收自然传粉种子，也有个别的是人工杂交后采收的。我将这些种子采用盆钵育苗，分系单本移栽，每个株系种植一个区域，紧挨着种一行同品种的正常植株做对照。

然后，在抽穗期进行逐株观察记载，用花粉染色法和套袋自交的结实率，去鉴定孕性的程度。我初步认为，这些都属于可遗传的雄性不育材料。

1965年的秋天，经过连续两年的盆栽试验显示，天然雄性不育株的人工杂交结实率，高达80%甚至90%以上，这说明它们的雌蕊是正常的。经杂交繁殖出来的后代，的确有一些杂交组合表现得非常好，有优势。

于是，我的决心就更大了，信心也更强了。

经过这样反复的试验，再经过反复的分析论证，在这一年的10月，我把自己的初步研究结果，整理撰写成一篇题为《水稻的雄性不孕性》的论文，并投稿给中国科学院主办的《科学通报》杂志。

在这篇论文中，我正式提出了通过培育水稻三系，即雄性不育系、雄性不育保持系、雄性不育恢复系，以三系配套的方法，来利用水稻杂种优势的设想与思路。

我还阐述了雄性不育性在遗传上一般分核质型和胞质型两类。我通过试验所获得的花粉败育型水稻雄性不育材料与胞质型的情况类似，初步认为属于胞质型的可能性较大。我由此认为，通过进一步选育，可从中获得三系，用作水稻杂种优势育种的材料。

这篇论文，对雄性不育株在水稻杂交中所起的关键作用做了重要论述，并进一步设想了将杂交水稻研究成功后推广应用到生产中的方法。这实际上，就是当时我对将要进行的杂交水稻研究，经分析、论证、思考并绘制的一幅实施蓝图。

论文稿寄出几个月后，我没有得到回信，也没有收到退稿。令我意外的是，论文最后于1966年2月发表在《科学通报》第17卷第4期上。五一劳动节之前，我收到了30多块钱的稿费。不久，我又收到通知，才知道这篇论文还刊登在了英文版的《科学通报》上。

这是我一生中第一次得到稿费，自然很高兴。那时，我的月工资是73元，而中、英文的稿费加在一起就有50多元，几乎相当于我一个月的工资了。

当然，更重要的是，我的论文能够发表在一份权威的学术刊物上，这意味着对我研究成果的初步承认和肯定，也更加坚定了我继续前进的信心。

我进行杂交水稻的研究，以1964年寻找天然雄性不育株为起点。1966年在《科学通报》上发表的这篇论文，也对我的研究工作起到了助推的作用，使我的劲头更足了。

多了两个助手

为了加速进行试验，我打算买60个大钵子，用来培育雄性不育株第三代。于是，我骑着一辆自行车，到一家杂货铺去打听行情，问老板大钵子多少钱一个，老板说要一块多一个。我一盘算，60个钵子就要七八十块钱。

后来，我想到河对面的陶瓷厂有不少陶瓷废品，完全可以拿来种水稻。于是，我就请学校总务室和陶瓷厂联系。厂长答应后，我赶紧带着两位学生尹华奇和李必湖，拖着板车去拉了几十个废瓦钵回来，用于盆栽水稻。

尹华奇是我当班主任时的农作物223班的团支部书记，学习努力，又喜欢参加课外试验，他对我做的水稻试验特别感兴趣，主动要求做我的助手。

李必湖是农作物224班的,他见尹华奇帮着我忙前忙后,就去问尹华奇我的这些试验有什么作用。尹华奇说:"这个试验目前还看不出有什么奇特,不过,袁老师写的论文听说已刊登在中国科学院的刊物上了。他是想培育出一种高产的水稻,解决我们饿肚子的问题。"

于是,李必湖就大着胆子找到我,吞吞吐吐地说:"袁老师,我想给您做徒弟,和尹华奇一起参加水稻试验,不知您同意不同意?"

我很高兴地收下他。这样,我每天去做盆栽水稻实验,就多了两个助手。

科学家小故事

打结婚证比打比赛更重要

1963年冬,眼见袁隆平成了大龄青年,大家都很关心他的婚姻大事,积极地帮他物色了对象——袁隆平曾经的学生邓则,小他8岁。她1959年从安江农校毕业后,被分配到黔阳县农业局两路口农技站,从事农业技术推广工作。

1964年春节前夕,黔阳县组织篮球比赛,那时邓则是县代表队的,要打比赛了,赛场就设在安江农校。农校几位热心的老师觉得这是天赐良机，就鼓动袁隆平把婚事办了。

曹老师在得到邓则的同意后，就去找裁判了解比赛场次安排，想使比赛与办喜事两不误。结果，就在比赛中间休息的时候，袁隆平把邓则从赛场上拖了下来，要骑自行车带她去打结婚证。邓则说比赛还没完，袁隆平却跟她说打结婚证比打比赛更重要。

从介绍到结婚，不到一个月时间。当时，袁隆平的单身宿舍里，只有一张单人床和一张书桌。为了庆祝他们新婚，农校的老师们都很热情地帮他们布置宿舍。曹老师还拿出5元钱，买了喜糖。女体育教师周琼珠将刚买回的绣着一对红蝴蝶的平绒布鞋送给了他们。就这样，他们举行了一个简单而又热闹的婚礼。

08 勇闯"三大关"

> **科普小贴士**
>
> **中国是最早有水稻品种文字记录的国家**
>
> 中国是世界上最早有水稻品种文字记录的国家。在《管子·地员》篇中,就记录了10个水稻品种的名称和它们适宜种植的土壤条件。在历代农书以及一些诗文著作中,也常有水稻品种的记述。
>
> 宋代出现了专门记载水稻品种及其繁育、栽培特性的著作——《禾谱》,各地的地方志中也开始大量记载水稻的地方品种,已是籼、粳、糯分明,早、中、晚稻齐全。到明、清时期,这方面的记述更为详细,尤其以明代的《稻品》较为著名。
>
> 历代通过自然变异、人工选择等途径,陆续培育出具有

> 特殊性状的品种，如别具香味的香稻，特别适于酿酒的糯稻，可以一年两熟或灾后补种的特别早熟品种，耐低温、旱涝和耐盐碱的品种，以及再生力特强的品种等。

需要改变研究策略

综合考虑各方面原因，我决定每年都到云南、海南等地从事杂交水稻研究。

1968年10月，我带上两个助手，到海南陵水开展水稻研究试验。也就是从这年起，每年10月，我都会带上两个助手，在湖南、云南、海南、广东和广西之间辗转。这样一来，一年365天，我几乎天天都可以在田间做试验，也因此连续7个春节没有回家。

从1964年到1969年，历经6年的坎坷，我们用已发现的无花粉、花药退化和花粉败育3种栽培稻的雄性不育株，先后与近1000个品种和材料做了3000多个杂交组合的试验，终于选育出具有一定保持能力的无花粉型南广占雄性不育材料。

但是，这么多年，结果都达不到每年100%保持不育。因为这些雄性不育株的情况，总是今年是不育的，到了明年又是一部分不育、一部分可育的。也就是说，折腾了这么些年,我们一直都没有育成理想的雄性不育系。

这就意味着我们的研究进展不大。尽管经历过成百上千次的失败,但我依然还是保持乐观,而且坚信当初设想的三系配套方案一定能够实现,只不过还需要进一步总结经验教训。

1969年的冬天,我们又到云南元江继续培育。

我一直在思考怎样进行下一步的工作,于是就召集两位助手一起认真总结前面6年的研究工作。经过分析,我发现在这些试验中,尽管杂交试验所用的材料很多,但它们与用作母本的不育材料都是栽培稻,而且亲缘关系较近。同时,我又发现个别具有一定保持能力的品种,与不育材料的亲缘关系稍远。

我马上联想到当时国外通过南非高粱和北非高粱的远缘杂交获得成功的范例,一下子就找到了问题的症结所在:我们这些年来用作试验的材料,都是国内各地的水稻栽培品种,而且是以矮秆为主的栽培稻。

我突然意识到,我们需要打开思路,多渠道地寻找和获得雄性不育材料。于是,我决定改变研究策略,去寻找野生稻,尝试用野生稻与栽培稻进行远缘杂交,然后通过核置换的方法,创造新的雄性不育材料,最终建立新的三系关系。

经过仔细分析,我发现野生稻主要分布在海南、云南、广西等地的一些偏远地区。

1970年4月,我们在云南征集到了野生稻的资源,并赶紧带回湖南靖县做野栽杂交试验。但因为我们没有对野生稻进行短光处理,所以野生稻到9月底都还未抽穗,最后导致野栽杂交试验没能做成。

杂交水稻研究成了全省的协作项目

1970年6月,湖南省第二次农业学大寨科技经验交流会在常德召开。为配合大会的召开,会务人员在会前筹办了各地区的专题展览。在黔阳地区的展室里,介绍水稻雄性不育试验项目的内容被安排在展板中头版头条的位置,旁边还有实物展示,摆放着水稻雄性不育的禾苗。

我在会上做了发言,如数家珍地向会议代表们介绍了杂交水稻研究的实际情况,同时也说明了当时存在的一些技术问题和解决这些问题的难度。

参会人员肯定了我们前期艰难探索所取得的阶段性成果,提出要把水稻雄性不育研究拿到群众中去做,还要求有关地市和部门要大力支持我们。

这才是你该追的星
袁隆平

我受到了极大的鼓舞，也更加坚定了进一步攻克难关的决心和信心。

1970年的7月，湖南省农林局将水稻雄性不育研究作为重大研究课题列入第一个年度科研计划，并一直持续到1990年，每年都将其列入年度科技计划，同时拨给相应的科研经费。

杂交水稻研究成了全省的协作项目，由安江农校、湖南省农科院、湖南省贺家山原种场、湖南农学院、湖南师范大学生物系五个单位组成了"湖南省水稻雄性不育系研究协作组"。

同时，我们还举办了"水稻雄性不育学习班"，大力普及水稻杂种优势相关知识。在此之后，全省掀起了一股水稻雄性不育研究的热潮。

"野生稻终于找到了！"

常德会议之后，我决定继续用野生稻与栽培稻进行杂交试验。我们先在云南元江寻找野生稻，找到后就拿到湖南进行试验。但这种野生稻生育期太长了，不能与湖南稻种同时抽穗。

随后，我决定去海南寻找野生稻。1970年秋天，我们再次来到海南三亚，驻扎在南红农场。我们深入黎家山寨询问老农，在荒凉的山野、沼泽、池塘和田里到处寻找野生稻。由于寻找时太投入，又粗又长的蚂蟥爬到我们的腿肚子上，我们都没发现。最后它们吸饱了血，胀鼓鼓的，就掉下来了。

那时，我经常给助手讲课，南红农场的技术员冯克珊等几位同志也很感兴趣，就跑来一起跟班学习水稻育种技术。因此，冯克珊也学会了一点专业知识，知道花粉瘦瘪就是不育的特征。因为他是当地人，也知道什么地方分布有野生稻，所以经常带着我们去寻找野生稻。

不久后，为了进一步了解国际水稻育种研究的最新进展和动态，我决定再次到北京去拜访鲍文奎研究员，并到中国农科院资料室查阅相关资料，希望能从中获得一些有用的信息。

临行前，我特意交代两个助手，要多向农场的技术员了解野生稻的分布情况，并抓紧在附近一带多做野外调查，争取尽快找到野生稻。

我到北京时,鲍文奎先生听说我专门从海南来看望他,向他请教,他也很高兴。他跟我谈了许多遗传学和水稻栽培方面的问题,并支持我把杂交水稻研究好好做下去。

告别鲍先生之后,我又到中国农科院资料室,看到了外文报刊上登的一些重要的研究动态和信息。我这才了解到,琉球大学教授新城长友,于1968年就实现了粳稻的三系配套,但由于杂交组合优势不明显,所以还没有投入生产应用。

当时我就意识到,这项研究还只有理论价值,尚未成为一项实用技术。这个信息让我更加感到时间紧迫、形势严峻。于是,我决心要尽快实现籼型水稻的三系配套,力争走在世界其他中国的前面,把它变成一项应用技术。

11月是海南野生稻抽穗扬花的季节。在11月23日这一天,冯克珊跟往常一样,带着李必湖一起去寻找野生稻。

他们来到了南红农场与三亚机场公路之间的铁路涵洞的水坑沼泽地段,发现这里长着一片面积大约200平方米的普通野生稻。这片野生稻的花药十分肥大,颜色鲜黄,张颖角度大,柱头又长又大而且双边外露,生殖性状很容易识别。

李必湖一边走,一边观察。他一株一株地仔细查看这些野生稻的特征和性状,就像当年我寻找那个"鹤立鸡群"的雄性不育株一样。猛然间,他的目光,一下子就停在了一朵野稻花上。

经过长期的实践和钻研,李必湖早已练就了非凡的辨别力。他立即认定,这就是我们要找的雄蕊败育的野生稻。

紧接着,他又发现有3个稻雄蕊异常的野生稻穗,其花药细瘦呈箭形,色浅呈水渍状,不开裂散粉,很像我们试验田里的雄性不育株的花药。再由此推断,这很可能就是一株雄性不育的野生稻。

李必湖赶紧走向前,去挖这株野生不育稻蔸。他小心翼翼地把它连根拔起,捧起这株野生稻,就像抱着刚出生的孩子,从污黑的沼泽地往岸上走。

他兴奋地对冯克珊说:"你看,野生稻终于找到了!"李必湖到了沼泽地边的公路上,才轻轻放下手里捧着的"宝贝",马上脱下身上的衣服,细心地把它包好。

回到试验基地后,他赶紧拿着放大镜,进行反复检验。结果,在显微镜下,它的花药也呈现淡青白色,与试验田里的雄性不育株的花粉染碘镜检的情况完全一样。

然后，他们就赶紧把它栽在试验田的一小块空地里，准备做进一步的观察研究。

当时，我正在北京向有关专家请教问题，接到助手发来的电报后，我异常兴奋，火速赶回三亚。

到了后我马上通过仔细全面的镜检，确认这的确是一株花粉败育的野生稻。我当即就把它命名为"野败"。除雄性不育性外，它的性状与海南的普通野生稻没有差别。但仔细观察就会发现，这个"野败"原始株的花药瘦小，不开裂，内含典型的败育花粉。

发现这个家伙是好东西

紧接着，我们用"野败"与多个品种做了杂交试验。一连5天，李必湖一共杂交了65朵花，但这65朵花只结了12粒种子。

那段时间，李必湖身不离试验田，眼不离杂交水稻。即使烈日当头，他仍耐心地坐在特制的水田工作凳上，守候着"野败"开花。每当"野败"开一朵花，他就小心地用镊子夹着栽培稻的花朵与其杂交，并在小本上做好记录。

我们找到"野败"后不久，春节就到了。这是中国人最讲究的节日,也是全家人团圆的日子。然而,这个时候却是我们正忙得不可开交的时候。所以,我们当时都不能回家过年,希望加速把"野败"转育成"不育系",进而实现三系配套的工作。

1971年的春天,我们又在南红农场进行了第二次试验。通过进一步研究,我们才发现这个家伙是好东西:雄性不育,而且不育性能够保持下去。

到了1973年,我们已经种了几万株"野败"材料,全部是不育的,没有一株是有花粉的。

这个时候,我如释重负,终于看到了一丝曙光。于是,我们就把研究的重点转移到了"野败"材料上,获得的雄性不育株能100%遗传,其后代每代都是雄性不育株。这就为杂交水稻的研究,成功打开了一个突破口。

日夜奔波在不同的科研基地

1971年的春天,中国科学院业务组副组长黄正夏同志到海南,召集在海南做南繁研究的单位召开会议,号召大家通过协作加快研究进程。会后,多个省(自治区)派人到海南南红农场湖南基地来跟班学习。

这是杂交水稻研究最为关键的时期。当时,省农科院水稻研究所绝大多数科研人员是做常规水稻育种的,

这才是你该追的星
袁隆平

杂交水稻研究协作组只是挂靠在这个研究所，我们的主要试验基地还在安江农校，我的助手和家也都在安江。

这时，研究工作正处在攻坚阶段，省里安排了"夏长沙、秋南宁、冬海南"的加速育种计划，这就是所谓的"南繁北育"。一年三代，我们日夜奔波在不同的科研基地。

每年到了秋冬季节，育种人员就该去南方了。南方温度高，通过南繁加代，可以加快育种的进程。

培育一个品种出来需要八个世代，如果不在海南培育，那就需要八年才能培育出一个品种来。而在海南培育，就可以加一代，只需要四年。

我们为了加快速度，就一年种两代，甚至三代，即夏天在湖南，秋天在广西，冬天在海南。后来又有了人工气候室，大概三年就可以出一个品种。因此，原来出一个新品种需要八年，现在只要三年了。

当时我们去海南做南繁的路途是很辛苦的，只能坐汽车、火车，也没有卧铺，硬座车厢里的人总是挤得满满的。我们都是背起一床棉絮，上面横一卷草席，提个桶，桶里面放好种子，就这样一路赶车赶船下海南。

在工作中，我们还要经常熬夜。住的地方，一般都是一个房间里面睡七十几个人，被子需要自己带，吃的、用的一切都是自己带。那个时候虽然很辛苦，但是我觉得很有意义，也充满希望。

一起开展三系配套的协作攻关

发现"野败"后，经过两年的反复试验，我们利用"野败"转育的工作，取得了很大的进展，雄性不育株也能达到100%遗传。

但"野败"不育株，除不育性状外，其他的性状基本上与普通野生稻相同，所以还需要进行精心的转育工作，才能把"野败"的不育基因转入栽培稻，从而培育出大规模生产所需要的雄性不育系。

此时，全国在雄性不育系选育工作转入以培育质核互作型不育系为主，特别是利用野生稻与栽培稻杂交获得雄性不育系，来实现三系配套。

这样一来，一向冷清的南红农场一下子就变得热闹起来了。全国十几个省市的科研人员，浩浩荡荡地汇聚到这里，一起开展杂交水稻三系配套的协作攻关。

当然，我们并没有把"野败"据为己有，而是分送给全国18家有关单位。如福建省科研组的试验秧苗出了问题，我们就赶紧把仅有的一蔸"野败"第二代不育株，挖出一半送过去。

同时，全国各地的农业科技工作者也到我们基地来跟班学习。只要能挤出时间，我就支起一个小黑板，兴致高昂地给大家讲课，希望把自己多年积累的知识和经验，毫无保留地分享给大家。

我们还用不同的籼稻、粳稻的品种与"野败"做了一些杂交试验，新配了一批组合。1971年9月，我们将配制的杂交种在海南播种。到了12月，水稻陆续抽穗，我们观察了10个杂交组合的表现，发现大多数组合的子一代出现了育性分离，完全不育株率也达到41%。

而且，这些不育株的不育性优于原始株，在海南4月到5月的高温强日照条件下，也未见到育性恢复。这就说明，"野败"的不育性是能够通过杂交遗传给后代的。

1972年的春天，我们又从这10个组合中选择了4个表现较好的组合进行回交，同时用44个品种进行测交。尽管测交的品种不多，但根据测交的结果可以看出，无论籼稻还是粳稻，都出现了具有完全保持和完全恢复的品种。这就预示着，通过"野败"育成水稻三系，是具有较大的可能性的。

继湖南之后，最早利用"野败"原始株

的江西、新疆、福建、安徽、广东、广西等省（自治区），根据各自掌握的栽培稻品种，也纷纷与"野败"配组，试图将"野败"原始株的雄性不育基因，转育到栽培品种中。

1972年3月，水稻雄性不育研究被列入全国农林重大科研会战项目，这时已有19个省（自治区、直辖市）开展相应研究工作。

我在题为《利用"野败"选育水稻不育系的进展》的论文中指出，利用"野败"育成水稻雄性不育系的希望很大。

此后，全国各地的有关农业科研单位，就利用我们提供的"野败"细胞质不育材料，大大加速了利用"野败"与栽培稻杂交转育的进程。很快，就在全省、全国形成了一场以"野败"为主要材料培育三系的协作攻关大会战。

几十个农业科研单位互通有无，开展了几千个组合的测交和几个世代的回交选育，全国各地的科研人员又一次会聚在海南进行育种试验。

我们用"野败"与不同的籼稻、粳稻杂交，很快就育成我国第一个水稻雄性不育系"二九南1号A"及其相应的保持系"二九南1号B"。

在此期间，全国很多地方都获得农艺性状一致、不育株率和不育度达100%的群株。至此，我国第一批"野败"细胞质骨干不育系和相应的保持系宣告育成。

利用野生稻与栽培稻杂交选育三系，经过我们的实践证明，是一条行之有效的重要途径。

把重点转入到恢复系的选育

这时，三系中已育成了不育系和保持系，就只差恢复系了。

其实，从某种意义上说，"野败"恢复系的选育与不育系的选育是同时起步的。当用大量的籼稻、粳稻品种与"野败"材料杂交后，一方面看出利用"野败"育成水稻不育系大有希望，另一方面在籼稻中也测出了对育性有恢复力的品种。

然而，我们接下来找恢复系，却大费周折。当时有一些所谓的学术权威认为，恢复系是很难找到的，甚至怀疑是否存在能使"野败"胞质恢复的基因。

就在这个关键时刻，国务院明确要求把杂交水稻列入国家重点科研项目，组织全国力量协作攻关。

因此，从1972年冬天开始，三系选育的重点就转入了恢复系的选育。全国农业科技人员又再次云集海南，进行连续的测交试验。

随着测交恢复系试验的继续深入，大家意识到，"野败"的恢复基因主要分布在低纬度的热带，而且和水稻的进化有关，要想为"野败"寻找强恢复系，应该在"野败"的近缘品种中多下功夫。

同时，在中国农林科学院主持下，在长沙召开了第一次全国杂交水稻科研协作会议，交流了水稻雄性不育系选育的最新进展及相关问题。

会上，我根据前两年恢复系试验的情况，提出了自己的两点看法：一是随着不育材料回交世代的提高，杂种一代的恢复率和恢复度逐步趋于一致；二是恢复品种与品种的地理分布有关。

这次会议还制订了今后的研究计划，并确定每年春天都要召开一次南繁现场经验交流会，以便及时交流情况，总结经验，确定协作方案，明确主攻方向。

从1972年到1982年，全国杂交水稻科研协作组一共召开了9次协作会议，进一步促进了研究的加快发展。有的会议，甚至成为我国杂交水稻研发史上十分重要的历史节点。

经过大家的努力，全国杂交水稻研究协作组终于在1973年，从东南亚的一些品种中测得了具有较强恢复力和较强优势的恢复系。

据湖南省农科院1974年底统计的"野败"三系测交品种名录，仅测交恢复的品种就已经达到344个，保持品种达到1033个，"野败"籼稻同型不育系达到74个。

接下来要攻克优势组合关

在1973年10月江苏省苏州市召开的第二次全国杂交水稻科研协作会议上，我代表湖南省水稻雄性不育系研究协作组做了题为《利用"野败"选育三系的进展》的发言，正式宣布籼型杂交水稻"三系"配套成功。

这次会议，标志着我国水稻杂种优势利用研究，取得了重大突破。我国只用了3年时间，就成功地实现了杂交水稻的三系配套。攻破了三系配套关，接下来就要攻克优势组合关了。

我们从多年试验中，逐渐摸索出一条基本的规律：选择亲缘关系较远、优良农艺性状互补、亲本之一是高产品种的恢复系与不育系杂交，可以选育出营养生长和生殖生长优势都强的优良组合。

当时，我用"二九南1号A"与恢复系IR24配组，育成了"南优2号"。在安江农校试种后，中稻亩产达628千克；作双季晚稻种植20亩，每亩产511千克。

我的同学张本，曾从我这里拿了"南优2号"种子去贵州金沙县种植了4亩，亩产量超过了800千克。后来，"南优2号"成为我国第一个在大面积生产上应用的强优势组合。

1973年的春天，我们将在海南配制的10多千克杂交水稻种分给大家试种。当年秋天，在湖南省农科院1.2亩的试验田里，只中耕、追肥了一次的杂交水稻，每亩产量就达到505千克，杂交水稻的优势初步得到了显现。

第二年，我们研究小组将试验扩大，都取得了显著效果。在同等条件下，一般每亩增产稻谷50~100千克，比当地优良品种增产20%左右；常规良种的草谷比为1∶1，杂交水稻则为1∶1.14。杂交优势，逐渐发挥到稻谷上来了。

1973年冬天，湖南、广西等省（自治区）水稻杂种优势利用协作组，在海南用"二九南1号"不育系为母本，以IR24、IR661等为父本制种近10亩。湖南将在海南配制的种子，分别在湖南省农科院、贺家山原种场等4个地方作为中稻种植20多亩，以观察杂种优势，同时还进行了不同强优组合的比较观察。

过了一年，从湖南到广西也频频传来喜讯，第一批强优组合都表现出很大的增产优势。全国杂交水稻第三次会议的代表，在广西南宁考察验收了杂交水稻产量，证实杂交水稻亩产一般都超过了500千克。

到了1975年，在湖南省农科院种植杂交水稻百亩示范片，平均亩产超过500千克，高产田块亩产达670千克。这一年，杂交水稻在广西、江西、湖南、广东等10多个省（自治区）种植了5600多亩。

其中，大面积亩产一般都在500千克以上，高的超过600千克。小面积亩产达750千克以上，相比当地双季早稻和中稻的当家品种，一般都增产20%～30%。而双季晚稻的增产幅度更大，有的甚至成倍增长。

在于长沙召开的杂交水稻鉴定会上，21个省（自治区、直辖市）的专家一致认为杂交水稻具有一般品种所没有的优良特性。同时，许多省（自治区、直辖市）也通过大面积生产鉴定证明，杂交水稻具有一般品种所没有的优良特性。

全国21个省（自治区、直辖市）的协作单位和有关部门，于1975年10月参加了在长沙召开的第四次全国杂交水稻科研协作会，参观了湖南、江西大面积进行双季晚稻栽培的杂交水稻生产示范现场。

这次会议还总结了几年来科学研究的成果，认为杂交水稻大面积生产应用的时机已经成熟。

至此,我国成为世界上第一个在生产上成功利用水稻杂种优势的国家。

终于形成了一套比较完整的制种技术体系

不过,要让杂交水稻真正在大面积生产中应用,还存在一个"制种"的难题。因为杂种优势只表现在第一代上,所以每年都必须制种,生产第一代种子。

当时有一些专家认为,制种这一关,还是很难过的。但是我却认为,水稻仍然保留了一些有利于异花传粉的特性,这是能够进行杂交制种的前提。

刚开始没有经验,第一年我制了2亩多田的种,结果每亩只收获8.5千克,产量很低。我的一个助手制的种,最低的亩产只有1千克。

经过多次试验,我以为制种低产问题的关键在于水稻的花粉量不足,于是就在制种试验中,采取多插父本、母本紧靠父本种植等措施,以增加单位面积花粉量,让母本接受较多花粉,但试验结果仍然不理想。

接下来,我就在试验田里进行反复观察、思索、调查、计算。我在观察父母本开花习性、寻找叶龄与花期的相互关系、推算播种期的同时,还发动助手和学生,集思广益，共同出主意，想办法采取一系列措施加以改进。

后来，通过对制种田的详细调查和计算，我发现虽然水稻单株的花粉量确实比玉米、高粱的单株少得多，但就制种田单位面积上的花粉量来说，差异并不大，完全可以满足异花传粉的需要。

后来，我们又重新设计试验方案，终于形成了一套比较完整的制种技术体系，制种产量也大大提高了。到1975年，我们制种27亩，平均亩产约30千克。我们把种子分到湖南省的各个地方去种，表现同样很好。

由于1975年南方各省（自治区）对杂交水稻进行大面积生产鉴定，均取得显著的增产效果，所以农业部于1976年1月在广州召开南方13省（自治区）参加的籼型杂交水稻推广会议，决定在我国南方大面积推广杂交水稻，并由湖南省向部分省（市）提供三系种源。

那时，海南有全国各地的制种田6万亩，其中，湖南省有3万亩。各路人马驻扎到海南制种，要我当技术总顾问。

通过大家的努力，我们不但顺利完成了任务，还在实践中摸索出了一套技术，把制种产量一次又一次提高到新的高度。

当年冬天，各省（自治区）利用海南这个自然大温室冬季制种繁殖，使籼型杂交水稻1976年的种植面积，一下子达到207万亩。

最后，我认真总结制种研究与试种栽培经验，并整理、撰写了一篇题为《杂交水稻制种和高产的关键技术》的论文，于1977年发表在《遗传与育种》杂志上。

当时，国际上是这样评论中国杂交水稻的：中国杂交水稻是在脱离了西方这个所谓农业科学源头的情况下，自己创造出来的一项成果。

科学家小故事

抢稻种比保命更重要

1969年冬，袁隆平带领助手去云南元江进行试验，同时寻找野生稻。他们租下了元江县农技站的一座无人居住的平房，还租了农技站的水田作为试验田。

有一天夜里，他们都进入了梦乡。岂料一场灾难突然降临。袁隆平最初感觉自己的床在晃动，睁开眼睛发现房子在左右摇摆，天花板上的石灰开始往下脱落。他敏锐地意识到：发生地震了。

这才是你该追的星
袁隆平

袁隆平赶快起身,对着两个年轻人高喊:"快起来!地震了!"李必湖起来了,跟着他往外冲。刚跑到门口,袁隆平突然意识到:稻种还在屋里。

他回身往屋里冲,李必湖也往回冲,他们两人不约而同地喊道:"稻种!"尹华奇刚刚从梦中惊醒,慌忙站起身来。他们三人刚冲出门,一声巨响,房顶上的一块石灰紧挨着尹华奇身边落下。

天亮了,余震不断发生,大地不时摇晃。袁隆平和助手在农技站的水泥球场上围着那只浸着稻种的铁桶,商量下一步怎么办。

没有地方住,他们就在水泥球场上,用塑料布搭起了一个窝棚。没有床,他们就在水泥地上垫几把稻草,再铺上一张草席。种子该催芽了,他们就在窝棚里拴上一根绳子,把一个个小布袋从铁桶里捞起来,挂在绳子上,每隔几小时浇一次水,让稻种在布袋里发芽。

09
破解"两难题"

> **科普小贴士**
>
> ### "杂交水稻之父"的由来
>
> 1982年秋,当袁隆平再次来到国际水稻研究所参加一年一度的国际水稻学术报告会时,国际水稻研究所所长斯瓦米纳森博士庄重地引领他走上主席台。
>
> 这时,投影机在屏幕上打出了他的头像,头像下方有一排醒目的黑体字写着:"YuanLongping, the Father of Hybrid Rice。"
>
> 当时,斯瓦米纳森博士对参加会议的代表说:"今天,我十分荣幸地在这里向你们郑重介绍我的伟大的朋友,杰出的中国科学家,我们国际水稻研究所的特邀客座研究员——袁隆平先生!我们把袁隆平先生称为'杂交水稻之父',他是当

之无愧的。"

会场上的代表们顿时报以热烈的掌声。第二天，菲律宾各大报头版刊登了以"杂交水稻之父"为标题的报道，还配了照片。"杂交水稻之父"的称呼，后来就在国际上扩散开来，逐渐地都这么叫了。

农民朋友称杂交水稻为"幸福稻"

闯过了三系配套关、优势组合关、制种关这三大关之后，我又开始思考怎样将杂交水稻在生产中推广应用。

1974年11月初，在广西南宁召开了一次杂交晚稻现场会。我与湖南省农科院的陈洪新、陈一吾等领导和杂交水稻专家，利用晚上的时间反复研究了如何加速发展杂交水稻的问题。

我向时任湖南省农科院副院长、分管科研工作的陈洪新同志提出了"推广工作千头万绪，首要的是扩大南繁,尽快获得足够不育系种子"的建议。陈洪新非常赞同,及时向湖南省委领导汇报,得到了领导的高度重视和大力支持。

我和陈洪新同志密切配合,他抓组织,我抓技术。1975年春,我们把在海南冬繁不足30亩的不育系田所收获的177千克不育系种子,立即运到广东湛江做第一次大繁殖,春繁319.5亩,共收到不育系种子9500千克。

然后,我们再将这些不育系种子一分为二,一半从湛江直接运到广西南宁做第三次扩繁,秋繁不育系4530亩;一半运到海南繁殖。同年冬季再将湛江的种子全部运往海南,同在海南繁殖的种子一起进行冬繁。

杂交水稻不育系的种子南来北往辗转扩大繁殖4次,就将仅有的177千克不育系种子,在一年多时间内连续加番繁育,共收获了11万千克,打好了"扩大南繁"第一仗。

为了争取1976年在全国大面积推广,1975年末,陈洪新带队,我们一同到北京汇报杂交水稻在湖南的发展情况,以及向全国推广的建议。

12月22日,在中南海小会议室,我们做了2个小时的汇报,参会人员对杂交水稻研究给予了高度评价,并认为农时不等人,要即刻解决推广杂交水稻遇到的问题。

会议决定:第一,中央拿出150万元和400万千克粮食指标支持杂交水稻推广,其中,120万元给湖南作为调出种子的补偿,30万元购买15部解放牌汽车,装备一个车队,运输"南繁"种子;第二,由农业部主持立即在广州召开南方13省(自治区)杂交水稻生产会议,部署加速推广杂交水稻。

随后于1976年1月,全国首届杂交水稻生产会议在广州召开,由南方13省(自治区)的农业厅厅长、农科院院长和少数杂交水稻科研骨干参加,会议商定和落实了全国大面积推广的第一年繁殖、制种、示范栽培的生产计划。

杂交水稻,从此以世界良种推广史上前所未有的发展态势,在中国大地上迅速推开。1975年,南方省(自治区)种植面积是5550多亩,1976年则一下子跃升到208万亩,继而于1977年迅猛扩大到3150万亩,到1991年已达到26400万亩。

截至2006年,杂交水稻在我国已累计推广56亿亩,共增产稻谷5200多亿千克。因此,农民朋友都亲切地称杂交水稻为"幸福稻"。

"杂交水稻是一项重大发明"

杂交水稻的成功，为发展遗传育种学的实践和理论提供了新的内容。我总结了三个方面的体会，并写了一篇题为《杂交水稻培育的实践和理论》的论文，于1977年发表在《中国农业科学》上。

1981年，因籼型杂交水稻这项重大发明，全国籼型杂交水稻科研协作组成员被授予特等发明奖，发给奖状、奖章和奖金10万元。

授奖仪式在北京举行。当时我正在菲律宾国际水稻研究所做合作研究，还不知道这个事情，一份加急电报传来，要我第二天赶到北京。当时我心里一惊，不知出了什么事，是福还是祸。等我急急忙忙赶回来，才知道原来是这个特大的好事。

颁奖大会安排在1981年6月6日，党和国家领导人王震、方毅、万里出席了颁奖大会。在正式颁奖之前，他们先亲切地会见了获奖者。正式颁奖时，由我上台领奖，方毅副总理亲自将奖状、奖章和奖金颁给我。

国务院特地给全国籼型杂交水稻科研协作组发来贺电，其中有这样一句话："籼型杂交水稻是一项重大发明，它丰富了水稻育种的理论和实践，育成了优良品种。"

我在会上发言，表示要谦虚谨慎，戒骄戒躁，去攀登新的高峰。杂交水稻虽然已成功地应用于生产，但它还有缺点，需要继续努力去改进和完善。特别是在选育强优势的早稻、多抗性的晚稻，发掘更好的不育细胞质资源，提高制种产量和基础理论研究方面要下更多的功夫，发挥更大的增产作用。

"这里是各国杂交水稻科研工作者的'麦加'圣地"

为了给杂交水稻研究搭建更理想的工作平台，1983年初，湖南省科委提出成立"湖南杂交水稻研究中心"的建议。省科委随即成立了筹建班子，迅速展开了选址、设计、调配人员、购置设备等工作。

组织上决定，由我出任湖南杂交水稻研究中心主任。1984年6月15日，湖南杂交水稻研究中心举行成立大会。

当时，我们中心在长沙本部有试验田约180亩，还在海南三亚设有南繁基地，有试验用地60亩。随后，中心陆续建起了温室、种子仓库和人工气候室等科研必备配套设施，并配备了各种大、中型科研仪器200多台（件）。

1986年，刚成立不久的湖南杂交水稻研究中心创办了专业期刊《杂交水稻》，我担任主编。这是迄今杂交水稻领域内唯一对国内外公开发行的专业技术刊物。

由国际水稻研究所、湖南省科协和湖南杂交水稻研究中心联合举办的世界首届杂交水稻国际学术讨论会，于1986年10月在长沙召开。与会人员中，有来自国内24个省（自治区、直辖市）的专家学者，以及来自日本、美国等20多个国家的代表共260名。

会上，国际水稻研究所所长、印度前农业部部长、著名水稻专家斯瓦米纳森博士等15位中外知名专家做了学术报告。

我在会上做了题为"杂交水稻研究与发展现状"的报告，第一次公开提出今后杂交水稻育种分三个阶段的发展战略设想。这份报告立即引起代表们的广泛关注，也得到了与会专家的一致赞同。最后，这份报告还正式写进了会议文件。

在后来的宴会上，联合国粮农组织驻中国官员、国际水稻研究所高级科学家费马尼博士，发表了热情洋溢的讲话："中国有句古话，'上有天堂，下有苏杭'，但对水稻科研工作者来说，应是'上有天堂，下有长沙'。因为，杂交水稻研究中心就在长沙，这里是各国杂交水稻科研工作者的'麦加'圣地。"

众多国外代表，都对中国取得的杂交水稻研究成就表示出很大兴趣，认为学到了很多的经验和知识，受到了很大的启发。

被人称为"袁隆平思路"

在这些成绩与荣誉面前，我冷静地提出要"一分为二"地看待杂交水稻，并于1986年正式提出杂交水稻发展的选育方法要从三系法简化到两系法，再进一步研究出一系法。目前我们首先要攻关两系法。

对我的这种做法，当时还有几位好心人悄悄地劝我："你已成了著名科学家，万一搞砸了，岂不坏了名声？"

我却坚定地回答说："搞科研如同跳高，跳过一个高度，又有新的高度在等你。你要是不跳，早晚要落在后头！你即使跳不过，也可为后人积累经验。个人的荣辱得失又算得了什么？"

我在1987年《杂交水稻》第1期上发表了题为《杂交水稻的育种战略设想》的论文，提出杂交水稻的育种可分为三系法、两系法和一系法这三个战略发展阶段。

我对杂交水稻育种的这个新的战略设想，后来被人称为"袁隆平思路"，竟然还同国家"863"计划不谋而合。

1986年，我向国家提出了两系法杂交水稻研究课题。国家立即将我的这个课题确定为"863"计划生物工程中第101-1号专题。我被指定为该专题组组长和责任科学家，牵头组成了两系法杂交水稻研究协作组，组织全国16个科研单位协作攻关。

寻找雄性不育突变株

从1986年起，我就开始了两系杂交水稻的研究，并经历了不平凡的10年。

实际上，早在1973年10月上旬，湖北省沔阳县（今仙桃市）农业技术员石明松，就在他栽植的一季晚粳品种"农垦58"的大田中发现了3株典型的雄性不育突变株。

他通过6年的系统试验研究，得出从"农垦58"中选育的这种晚粳自然不育株，具有长光照下不育和短光照下可育的育性转换特性，并在1981年第7期的《湖北农业科学》上发表了题为《晚粳自然两用系选育及应用初报》的论文，指出这种育性可转换水稻在不育期可以一系两用，故命名为"两用系"。

我对这个发现非常重视，认为它给两系法创造了条件。于是，我开始寻找和研究这种雄性不育突变株，并发动我的学生和助手都去寻找和研究这种雄性不育突变株。

1987年7月16日，李必湖的助手邓华凤就像当年李必湖寻找到"野败"一样，经过多年探寻，终于在安江农校籼稻三系育种材料中，找到了1株光敏核不育水稻。他赶忙采取套袋隔离措施，防止异交结实，并继续严密观察鉴定。

到9月初，其他59株都自交结实正常，唯有套袋的这一株自交不结实。他赶忙将这一蔸禾剪掉茎叶，留下不高的禾蔸移入盆栽，放到家里的阳台上。到9月21日，仅有的一个晚生分蘖抽穗了，雄性恢复正常，24朵小花结出11粒种子，表现出类似湖北光温敏核不育水稻的特点。邓华凤就将这11粒珍贵的种子，用小袋包好，晒干。

11月下旬，他到海南去进行冬播。1988年2月23日，稻株开始抽穗，全部表现为雄性正常，自交结实率为86.10%。到4月1日，所抽穗性状整齐一致，仍无分离。第二天育性开始转换，败育花粉与日俱增。

邓华凤立刻将这一发现向我做了汇报。我立即赶赴安江农校的三亚基地，来到田间进行观察和指导。我仔细地观察了这棵稻株之后，兴奋地对邓华凤说："从外表看，这极有可能是一株新的光温敏不育材料。小邓呀，你要精心地培育好这棵稻株，等结实之后再拿到湖南去繁育，争取明年能够进行技术鉴定。"

果然，在邓华凤的悉心呵护下，这棵光温敏不育株经过安江和三亚两地三代的南繁北育，证实了他找到的两系不育材料的不育株和不育率均达到了100%，并且保持不育的时间长达50天。我由此推断，这是一种新的光温敏雄性不育突变株。

我又指导邓华凤做好下一步的研究工作。经过邓华凤的精心培育，这棵光温敏不育株的后代一直表现稳定。于是，我亲自主持鉴定会，把它命名为"安农S-1"光温敏核不育系。

"这不是'培矮64S'，而是赔得要死"

然而，两系法杂交水稻技术并不像原来设想得那么简单。1989年夏季，南方出现了历史上罕见的低温天气，一些经过鉴定的不育系在不育期内变成了可育，出现了"打摆子"现象，致使两系法杂交水稻的研究遇到了严重挫折。

在这个严峻的关头，如何选育实用的水稻光温敏核不育系，就成为成败的关键。面对重重困难和巨大压力，我几度调整研究方案，才使得两系法杂交水稻研究得到顺利进行。

接下来，我仔细研究了长江流域有记录以来的所有气象资料，除在平原、丘陵地区设点试验外，还在海拔200米至2000米山区的不同高度上设立多个试验点，同时开展转育试验。

我找来罗孝和，用基金资助他进行试验，要他尽快培育出一个不育起点在24℃以下的两用不育系来。

他根据我提出的设想，经多年多代选育，育成了一个不育起点为23.3℃的粳质、籼核、光温敏、广亲和的低温敏核不育系——"培矮64S"。

邓启云博士在"培矮64S"的基础上，用"培矮64S""安农S""常菲22""Lemont"等亲本组成，育成了适应性广、配合力高的"Y58S"，其杂种产量突破每亩900千克。

这些成果，终于给我的理论设想提供了一个有力的佐证，表明不育起点温度低于24℃的低温敏两用核不育系是完全可以培育出来的。利用这种低温敏核不育系，就可以进行实用性的两系法杂交育种。

但一波未平，一波又起。由于"培矮64S"不育的起点温度低（下限温度为23.3℃），要使它转换为可育、能繁殖后代的温度范围就比较小，在大田里繁殖，每亩繁种5千克左右，无法在生产中推广。有人就讽刺道："这不是'培矮64S'，而是赔得要死。"

我全然不顾这些风言风语，鼓励和指导罗孝和继续试验。他用深井自来水来维持20℃左右的低温。当他把处理的盆栽单株移至省农科院喇叭口的第一丘不育系鉴定试验田时，发现那里有一股铅笔头大小的泉水，取出温度计来一测量，水温正好。

在这丘试验田里，他插了数千株用作不育系鉴定的不育株，泉水出口处有三株育性恢复正常，盆栽低温处理的植株也恢复了育性。罗孝和一下就豁然开朗，第二年夏天开始了"培矮64S"冷灌繁殖种子的试验。

为了寻找适合于大田使用的冷水资源，罗孝和与助手们奔赴全省各地考察。在半年内，他们几乎跑遍了省内所有大中型水库和有地下水源的地方。

后来，浏阳农业局的向籽柏打电话告诉罗孝和，浏阳县（今浏阳市）高坪乡龙泉村有冷水地下水源。

于是，罗孝和一行风尘仆仆地赶到那块宝地，找到了一口大井，水量可供上千亩田灌溉，出水口处水温才22℃。罗孝和就在出水口处租了近十亩田进行试验。

这一年，罗孝和辛苦了一个夏天，尝试用冷水串灌新技术繁殖低温敏核不育系，结果只有3亩取得成功，产量每亩才过150千克。

第二年，罗孝和又在与浏阳接界的醴陵官庄水库进行了三条冲（每冲约10亩）的水库低层水灌溉试验，用水库下层巨大冷水资源繁殖"培矮64S"。这一次，终于收到满意的效果，高产丘块每亩达到350千克，一举解决了培矮的种源供应问题，也使两系法杂交水稻由理论走向了生产应用。

"培矮64S"于当年8月通过了"863"计划专家组的鉴定。"培矮64S"的育成，打破了粳型两用核不育系的地域局限性，又改变了当时籼型两用核不育系育性不稳的艰难局面。利用这种低温敏核不育系，就可以进行实用性的两系法杂交育种了。

同时，我还指导罗孝和一举解决了育性不稳定，即不育起点温度"漂移"的问题。

在选育的过程中，我和罗孝和都发现，其不同株系间、不同世代间的不育起点温度存在差异。湖南产的、广东茂名产的"培矮64S"不育起点的温度也不同。

为了使不育系的育性临界低温相对稳定，我仔细设计了一套科学的"核心种子—原原种—原种—制种"原种生产技术程序，以保证不育起点的温度相对稳定，从而避免上述的"打摆子"现象，使水稻制种有了更可靠的技术保障。

罗孝和根据我的思路和其他专家对"培矮64S"不育性稳定性研究的成果，在科研、生产实践中经过认真钻研，得出一整套对"培矮64S"行之有效的、长期稳定的保纯方案。

"培矮64S"的育成，为籼型两系杂交水稻的育成和推广打下了基础，也为两系亚种间杂种优势的利用铺平了道路，很快就被全国10多个省（自治区）用来配制强优组合，成为全国应用面积最广的两用核不育系。

"培矮64S"很快被用于与"特青"组合，在1992年湖南省中稻区域试种中亩产达631.8千克，比同熟期三系杂交水稻增产10%，即每亩增产50千克。

这个组合也于1994年第一个通过湖南省品种委员会审定，定名为"培两优特青"，并从1995年开始推广，增产效果比较显著。

宣告两系法杂交水稻已取得成功

国家"863"计划两系法杂交水稻现场会，于1995年在湖南怀化召开。我在会上高兴地宣告两系法杂交水稻已在我国取得成功。

"培两优特青"这个先锋组合，还于1998年10月获湖南省科技进步一等奖。2001年又获国家科学技术进步一等奖。

"培两优特青"经过各地试种后，增产效果依然很明显。于是，我就准备对这个品种进行广泛的测交和筛选，争取早日将"超级稻"培育成功。

如果说三系法是运用"经典的方法"做成的试验，那么，两系法则是中国的独创。不要保持系了，育种程序也就简化了，而且两系法种植的杂交水稻一般比同熟期的三系杂交水稻增产5%～10%，米质也更好。

我认为，两系法杂交水稻的成功，不仅是作物育种史上的重大突破，更是我国杂交水稻研究对世界人民的伟大贡献，同时也使我国的杂交水稻研究水平继续保持了世界领先地位。

因此，我们的"两系法杂交水稻技术与应用"，还获得了2013年度国家科技进步奖特等奖。

全新的两系法育种理论，还让我国其他农作物育种的工作者深受启发。不久，两系法杂交的高粱、油菜、棉花和小麦品种不断涌现，我国的育种行业也出现了争奇斗艳的大好局面。

从1986年开始试验，到1995年宣告成功，两系杂交水稻的研究历程跟三系杂交水稻很相似，都是历时十载。

这又是一个不寻常的10年！

> **科学家小故事**
>
> **"快汇钱来救我"**
>
> 在培育两用不育系的过程中，罗孝和还经历了一场"割耳朵事件"。他用尚不成熟的两系法在湖南省新化县的100亩地里杂交制种，结果父本和母本的花期严重不遇，最后每亩只收了2.5千克种子。
>
> 于是，大受损失的农民就捉住他不放，急得他赶紧向袁隆平求救，打电话说："袁老师，快汇钱来救我，农民要割我的耳朵了。"
>
> 随即，袁隆平赶紧汇去两万元钱，让他赔偿农民的损失，这才让他"化险为夷"。

10

900千克重的"姑娘"被追到手

> **科普小贴士**
>
> ### 中国的水稻育种
>
> 在中国近代农业史上,为早稻育种做出贡献的农业专家有邓植仪、丁颖、赵连芳、沈宗瀚等。
>
> 其中,丁颖于1926年在广州附近的犀牛尾沼泽地等处发现野生稻,并与当地栽培的水稻自然杂交,育成了"中山一号",开创了我国水稻杂交育种之先河,被称为"中国稻作之父"。
>
> 中华人民共和国成立后,政府对水稻育种工作给予高度重视,水稻育种工作取得了更加突出的成就。其中最为人所熟悉的就是袁隆平等人研究成功并大面积推广的"三系"(雄性不育系、恢复系和保持系)杂交水稻。

> 杂交水稻被誉为中国的"第五大发明",大大地解决了中国十几亿人口的吃饭问题,并为减少世界贫困人口做出了应有的贡献。

提出超高产育种的技术路线

水稻超高产育种,是不少国家和研究单位的重点项目。国际水稻研究所1989年启动了"超级稻"育种计划,要求到2000年育成产量潜力比当时产量最高的品种高20%~25%的超级稻,即亩产从670千克提高到800~830千克。

我国农业部于1996年立项了中国超级稻育种计划,其中杂交水稻的产量指标是:第一期(1996—2000年)为700千克/亩;第二期为(2001—2005年)800千克/亩。

1997年,在观察到产量潜力很大的两系法亚种间杂交组合的优良株叶形态时,我经过反复观察、分析和思索,终于意识到超级杂交水稻必须以"增源"为核心。我由此提出,强调在扩"库"的同时更要重视有效增"源",即扩大有效的光合作用面积,增加光能的吸收和利用,避免库大而源不足。

这才是你该追的星
袁隆平

我当时还总结出两条有效的途径：一是形态改良，二是杂种优势利用。不过，单纯的形态改良，潜力是有限的；而杂种优势如果不与形态改良结合，效果肯定不好。

有一次，我去江苏考察两系杂交水稻，在观察一丘亚种间杂交水稻时，突然，我的脑海里就闪现出一种超高产杂交水稻的形态模式。这是我多年受现场参观的启发与触动，而突然产生的灵感。

我非常激动地回到宾馆，连忙将灵感中出现的模式描绘出来，精心设计出以提高光合效率为宗旨的"高冠层、矮穗层、中大穗、高度抗倒"特点的形态模式。

同时我还提出超高产育种的技术路线：一是充分利用双亲优良性状的互补作用，在形态上做更为完善的改良；二是适当扩大双亲的遗传差异，以进一步提高杂种优势的水平。

我据此撰写的题为《杂交水稻超高产育种》的论文，引起了世界著名的美国《科学》杂志的重视，并在1999年1月

第283卷第5400号第313页上发表,还刊登了我提出的超级杂交水稻形态的照片。

根据这个设想,我和助手们又开始以高产优质的不育系"培矮64S"等为亲本,进行广泛的测交与筛选,不仅育出了几个具有超高产潜力和米质优良的新组合,更重要的是找到了库大源足和高度抗倒的理想株型。

罗孝和等人同江苏省农科院合作,用"培矮64S"与恢复系"9311"选育出两系亚种间的杂交水稻品种"两优培九",并先后通过江苏、湖南、湖北、江西等省的审定。

从1999年到2000年,"两优培九"在湖南龙山连续两年的百亩片示范中,亩产均超过700千克,达到我国超级稻的第一期育种目标。

到2008年,"两优培九"累计推广的面积已达到8047万亩。这项成果还在2004年获得国家技术发明二等奖。

大家连声惊呼这就是"水稻瀑布"

1999年的秋收时节,我和助手们马不停蹄地赶到云南涛源乡试种点。因为这里传来了一个振奋人心的消息,称种植的试验田一个苗头组合"P64S/E32"超级杂交水稻的亩产可能超过1000千克。

下车后，我顾不上休息，就在试种点的同志带领下，径直朝田间奔去。在稻田边，我蹲下身子，仔细地看了看眼前这些穗大粒多的超级稻，脸上不禁露出了幸福的微笑。

我慢慢地站起来，转过身对旁边的科技人员说："凭我多年观察的经验，这儿的超级稻也许会创造世界纪录。"

果然不出所料，这片超级稻，在验收时亩产量就达到了1139千克，创下了水稻单产新的世界纪录，也标志着我国的超级杂交水稻研究处于了世界领先水平。

2000年4月，在菲律宾国际水稻研究所召开的国际水稻科学大会上，我专门介绍了我国超级稻的进展情况，并展示了超级稻丰收的实物图片。当一些外国专家看到饱满硕大的超级稻时，会场掌声雷动，大家连声惊呼这就是"水稻瀑布"。许多国外媒体还竞相报道了中国的超级杂交水稻。

这是奖给全国农业战线的科研工作者的

中共中央、国务院于2001年2月19日，在北京人民大会堂隆重召开国家科学技术奖励大会。会上宣布把

2000年度国家最高科学技术奖授予吴文俊先生和我，当时的我无比激动。获此殊荣，对我来说，既是鼓励，也是鞭策。

我代表全体获奖人员做了发言。我认为，这个奖是奖给全国农业战线的科研工作者的，因为杂交水稻是全国很多人协作攻关的成果。我还表示一定要在实现中国超级稻第一期目标的基础上，继续探索，追求更高的目标。

此后，我还于2004年10月14日获得"世界粮食奖"，奖金12.5万美元。世界粮食奖基金会特别指出："袁隆平的技术已从亚洲、非洲到美洲迅速普及开来，为数以千万计的人提供了粮食。"

11月8日下午，湖南省人民政府在湖南省农科院隆重召开袁隆平院士荣获世界粮食奖庆功会。会上，我宣布把自己获得的世界粮食奖奖金12.5万美元，全部捐赠给袁隆平农业科技奖励基金会。

连续两年实现了超级稻亩产900千克的目标

实现了第一期超级稻的目标之后，我们就开始集中精力，攻关亩产为800千克的第二期超级稻。

通过大家的合作努力，第二期超级稻在2002年进行示范的百亩片上达到了亩产800千克，2003年已经有5个百亩片达到了亩产800千克，2004年有12个百亩片和1个千亩片达到了亩产800千克。

就这样，我们提前一年实现了第二期超级稻的产量指标。

第二期超级稻，于2005年通过审定，从2006年开始推广，当年就已经达100多万亩。

基于第一期、第二期超级稻研究的成就和进展，以及水稻在理论上的产量潜力，我们又提出第三期超级稻的育种计划，目标是到2015年实现一季稻大面积示范亩产900千克。这又是一项艰巨而繁重的任务。

经过7年的努力，我们的研发团队按照"良种、良法、良田、良态"配套的原则，不断探索超级稻新品种与超高产栽培及生态环境相配套的技术，在高产攻关基地县及相关企业团结协作下，取得了显著的效果，并于2008年、2010年、2011年分别跨越大面积亩产830千克、870千克、900千克"三级跳"。

2011年，第三期超级稻先锋组合"Y两优2号"在湖南隆回县的108亩示范面积上，创下平均亩产926.6千克的超高产纪录。

2012年，克服不利气候等因素影响，第三

期超级稻先锋组合"Y两优8188"在湖南溆浦县103亩示范面积上再次达到大面积平均亩产917.72千克,这也标志着我国第三期超级稻目标基本实现。

我们连续两年实现了超级稻亩产900千克的目标。当时,我还用了一个形象的比喻,说这个900千克重的"姑娘"终于被我们"追到手了"。

从1996年超级稻育种立项开始,每5年就上一个新台阶,这个台阶很高,我们都跨越了。而我们在这方面的研究一直处于世界领先水平,这还是值得大家骄傲的。

顺利取得第四期超级稻攻关的重大突破

实现第三期超级稻的目标后,我仍感到不满足。我就向农业部建议立项第四期亩产1000千克的超级稻育种计划,顺利得到农业部的批准。

我们当时的计划是2020年实现目标,但力争提前到2015年完成这一目标。

2013年,在我的指导下,隆回县羊古坳乡农业综合服务站的技术人员,带领牛形嘴村42户种植了57丘100亩超级稻。他们对试验田实行统一播种,统一育苗,统一时间、统一规格插秧,统一施肥,统一田间管理和病虫害防治，以重施磷钾肥来提高结实率，并成功闯过了46天无降雨的干旱天气。9月验收时，平均亩产达到988千克，逼近亩产1000千克的研究目标。

2014年，我们再接再厉，又在全国13个省28个县（市）安排了攻关示范片，进行良种、良法、良田、良态"四良"配套攻关。

当年10月10日，农业部组织专家验收在湖南溆浦县横板桥乡红星村的"Y两优900"百亩示范片，结果创平均亩产1026.7千克的产量新纪录。

同时捷报频传，湖南隆回、祁东、龙山示范点都传来百亩验收亩产超过1000千克的好消息。这就意味着，我们顺利取得了第四期超级稻攻关的重大突破。

此后，我们又设立了在2020年实现第五期超级稻大面积示范每亩产1067千克的目标，并争取提前2到3年实现。

同时，我们还加快超级稻成果的转化力度，围绕超级稻"百千万"高产攻关示范工程、超级稻"种三产四"丰产工程、"三一"粮食高产工程，大力推进三大工程的实施。

> 科学家小故事

"这米饭真好,我要打包"

1999年12月,广东澄海(今汕头市澄海区)市委书记到湖南杂交水稻研究中心参观,他提出想要又高产又优质的水稻。

袁隆平就用超级稻的米请他吃,结果他吃了3碗,还说从来没有吃过这么多。

隔了2天,港深记者代表团来采访,其中有4位年轻女士。袁隆平就把澄海市委书记的故事讲给她们听,她们不太信。

袁隆平就请她们吃超级稻,4位女士中有3位吃了3碗。她们都说真好吃。

后来又来了一个香港的企业家,他说他平时吃各种各样的海鲜后,一般只吃半碗饭垫底。但袁隆平请他吃超级稻时,他一连吃了三四碗饭。他说"这米饭真好,我还要吃",最后还说"我要打包"。

11 杂交水稻事业需要代代有传人

> **科普小贴士**
>
> ### 袁隆平历年所获重要奖项或荣誉
>
> | 获奖时间 | 奖励名称 |
> | --- | --- |
> | 1981年6月 | 国家特等发明奖 |
> | 1985年10月 | 杰出发明家金质奖 |
> | 1987年11月 | 科学奖 |
> | 1995年10月 | 粮食安全保障荣誉奖 |
> | 2001年2月 | 国家最高科学技术奖 |
> | 2004年5月 | 沃尔夫农业奖 |
> | 2004年10月 | 世界粮食奖 |
> | 2004年12月 | 感动中国年度人物之一 |
> | 2012年12月 | 十佳全国优秀科技工作者 |
> | 2014年1月 | 国家科技进步奖特等奖 |
> | 2015年9月 | 世界杰出华人奖 |
> | 2018年12月 | 改革先锋 |
> | 2019年9月 | 共和国勋章 |

创建了一门系统的新兴学科

从我发现田间"鹤立鸡群"的天然杂交水稻,到开始独立进行杂交水稻研究,几十年来,我从实践到认识,又从认识到实践,不断地总结杂交水稻试验过程的经验,进行理论的总结和提升。

我先后发表论文60多篇,出版专著7部,逐步建立和完善了一整套杂交水稻的理论和应用技术体系,从而创建了一门系统的新兴学科——杂交水稻学。

我于1985年出版的《杂交水稻简明教程》,促进了杂交水稻知识和理论的系统化、普及化与国际化。

1988年,我出版的专著《杂交水稻育种栽培学》,全面、系统地总结和阐述了三系法杂交水稻育种、种子栽培、基础理论诸方面的经验和问题,标志着杂交水稻学科的基本形成。

1995年,联合国粮农组织出版《杂交水稻生产技术》,2001年,该组

织又将其译成西班牙文出版，并发行到40多个国家，成为全世界杂交水稻生产的指导用书。这也是国际上杂交水稻研究领域的第一本专著。

20世纪90年代，我在两系法杂交水稻、亚种间杂种优势利用、超级杂交水稻选育等重大课题的研究中，先后提出一系列技术策略，有效地指导了关键技术的突破。

在此基础上，由我主编，组织从事杂交水稻科研、生产和教学人员中的精英强将共同编写的《杂交水稻学》一书，于2002年出版。该书更加深入、全面、系统地论述了杂交水稻学，把杂交水稻研究和杂交水稻学推向成熟和完善的新阶段。

2010年，科学出版社又出版了《袁隆平论文集》。这是我在从事杂交水稻技术研发40多年间撰写、发表的诸多杂交水稻研究文章及在国际会议上做学术报告和担任联合国粮农组织首席顾问提交的顾问报告的精华选粹。

需要代代有传人

我一直认为，杂交水稻研究是一项远大的事业，需要代代有传人。杂交水稻事业要继承、创新和发展下

11 - 杂交水稻事业需要代代有传人

去，这就需要各方面的人才，要建立一支科研梯队。

在水稻的雄性不育性研究刚刚起步的时候，我就从安江农校毕业学生中，挑选出李必湖与尹华奇当助手。

到20世纪70年代初期，杂交水稻三系刚刚配套，我又把他俩先后送进武汉大学和湖南农业大学深造，后来还将他们多次派到国外传授杂交水稻技术。现在，他们都已成为杂交水稻研究领域的技术骨干。

20世纪70年代开展科研大协作，前来参与协作的科技人员急需杂交水稻育种的知识和技能，我毫无保留地给他们传授水稻杂交技术的经验和心得。

后来，一大批来自全国各地的杂交水稻技术人员，如罗孝和、周坤炉、黎垣庆、郭名奇、朱运昌等，都迅速成长为著名的杂交水稻专家。

我先后被湖南农业大学、中南大学、东北农业大学等多所高校，聘为兼职硕士研究生导师和博士研究生导师，亲自指导硕士生和博士生。

我还利用自己在国际上的名望，从美国洛克菲勒基金会为中国争取到生物学奖学金资助名额。

我把自己获奖所得的奖金捐献出来，还把美国水稻技术公司付给我的合作顾问费也捐出来，专门用来资助科研人员，特别是年轻人，支持已有苗头和潜力的项目研究。

每年几乎都有几个课题获得我的资助。如福建农业大学的一位博士后，开展多倍体水稻育种的探索性研究，苦于经费不足而几乎停滞。我得知后，专门拨出一笔经费，鼓励他继续研究。

记得是2004年9月26日，我还回到久别数十年的故乡——江西德安县，向德安一中捐赠了10万元奖学金，并为当年取得高考文、理科前两名的4名同学颁发了奖学金和证书。

结合自己的体会，我向学生们分享了自己事业成功的"八字秘诀"：知识、汗水、灵感、机遇。最后我还风趣地补充了一句："这就是本人的成长秘诀，可以外传。"当时，大家都忍不住笑了起来。

我还于2017年10月10日返回母校西南大学，颁发首届西南大学"袁隆平奖学金"，主要奖励品学兼优的农科类学生。当年有10名学生经过评审，分获首届"袁隆平奖学金"的特等奖和一、二、三等奖。

2019年9月16日，我又参加了湖南农业大学的开学典礼。我一进校门，就被那些年轻的粉丝们团团围住。此后，在湖南农业大学，"给袁隆平爷爷写一封信"就成为一项时尚的校园活动。

是名副其实的"90后"了

2020年,我虽然过了90大寿,是名副其实的"90后"了,但是我依旧惦记着年轻时的两个梦想:一个是禾下乘凉梦,另一个是杂交水稻覆盖全球梦。

直到2021年3月,我依然在海南基地开展科研。3月10日,我在三亚杂交水稻研究基地,不小心摔了一跤,引发身体不适。4月7日,我被转到长沙医院治疗。

2021年5月22日,因多器官功能衰竭,我走完了自己的一生,永远离开了这个世界,告别了一生热爱的杂交水稻事业。

科学家小故事

每天都得看上好几遍

"90后"的袁隆平,尽管身体大不如前,却依然管不住他那迈向稻田的腿,收不住那颗向着水稻的心。

为了方便行动越来越不便利的老先生搞科研,湖南省农科院就在袁隆平的住宅旁,安排了一块试验田。自从有了这块"自留地"后,他就得了"心病"——只要在长沙,每天都得看上好几遍,一天不看,心里就空落落的。

这才是你该追的星
袁隆平

被称为火炉城市的长沙,夏季太阳毒辣,酷热难耐。可不管天气多炎热,袁隆平起床后的第一件事,不是洗脸、刷牙、吃早饭,而是下田。

每天的第二次"问诊",都是大家只愿躲在空调房里的中午。第三次、四次下田,是在晚饭前和晚饭后。其实,他站在自家窗户旁就能看到那块试验田,可他却偏偏要坚持每天都下楼去田里看看。